杭州师范大学钱江学院优秀学术专著出版专项经费资助项目

企业-顾客在线互动对新产品开发绩效的影响研究

聂津君　著

ZHEJIANG UNIVERSITY PRESS
浙江大学出版社

图书在版编目(CIP)数据

企业-顾客在线互动对新产品开发绩效的影响研究 /
聂津君著. —杭州 ：浙江大学出版社，2021.12
ISBN 978-7-308-22118-4

Ⅰ.①企… Ⅱ.①聂… Ⅲ.①消费者行为论—影响—
产品开发—研究 Ⅳ.①F273.2

中国版本图书馆 CIP 数据核字(2021)第 256186 号

企业-顾客在线互动对新产品开发绩效的影响研究
聂津君 著

责任编辑	石国华	
责任校对	胡岑晔	
封面设计	周 灵	
出版发行	浙江大学出版社	
	（杭州市天目山路 148 号 邮政编码 310007)	
	（网址：http://www.zjupress.com)	
排 版	杭州星云光电图文制作有限公司	
印 刷	广东虎彩云印刷有限公司绍兴分公司	
开 本	710mm×1000mm 1/16	
印 张	11.75	
字 数	200 千	
版 印 次	2021 年 12 月第 1 版 2021 年 12 月第 1 次印刷	
书 号	ISBN 978-7-308-22118-4	
定 价	58.00 元	

目　录

1 绪　论 ……………………………………………………………………（ 1 ）

1.1　研究背景及意义 ………………………………………………………（ 1 ）

1.1.1　现实背景及意义 ………………………………………………（ 1 ）

1.1.2　理论背景及意义 ………………………………………………（ 4 ）

1.2　研究问题的提出 ………………………………………………………（ 6 ）

1.3　关键概念界定 …………………………………………………………（ 7 ）

1.3.1　企业-顾客在线互动 ……………………………………………（ 7 ）

1.3.2　知识共创 …………………………………………………………（ 8 ）

1.3.3　新产品开发绩效 …………………………………………………（ 9 ）

1.4　研究方法和技术路线 …………………………………………………（ 10 ）

1.4.1　研究方法 …………………………………………………………（ 10 ）

1.4.2　技术路线 …………………………………………………………（ 10 ）

1.5　章节安排 ………………………………………………………………（ 12 ）

1.6　本书的创新点 …………………………………………………………（ 13 ）

1.6.1　从企业与顾客知识共创的视角研究顾客参与新产品开发
问题 …………………………………………………………………（ 13 ）

1.6.2　对企业-顾客在线互动的概念和构成维度进行明确的分析
界定 …………………………………………………………………（ 13 ）

1.6.3　构建了企业-顾客在线互动、知识共创和新产品开发绩效的
作用关系模型 ……………………………………………………（ 14 ）

1.6.4　对企业-顾客知识共创的概念和构成维度做了明确的分析
界定,并揭示了企业-顾客知识共创的过程机制 …………………（ 14 ）

1.7　本章小结 ………………………………………………………………（ 15 ）

2 文献综述 ……………………………………………………（16）

　2.1 顾客参与新产品开发研究综述 ………………………………（16）

　　2.1.1 顾客参与新产品开发相关研究视角 …………………（16）

　　2.1.2 顾客参与新产品开发的内涵界定和维度划分 ………（18）

　　2.1.3 顾客参与新产品开发的研究维度 ……………………（19）

　　2.1.4 顾客参与对新产品开发绩效的影响 …………………（22）

　　2.1.5 顾客参与新产品开发的研究情境 ……………………（24）

　2.2 顾客在线参与新产品开发研究综述 …………………………（28）

　　2.2.1 顾客在线参与新产品开发的动机 ……………………（28）

　　2.2.2 顾客在线参与新产品开发的方式 ……………………（30）

　　2.2.3 顾客在线参与对新产品开发绩效的影响 ……………（35）

　2.3 知识共创研究综述 ……………………………………………（37）

　　2.3.1 组织间合作知识创造研究 ……………………………（37）

　　2.3.2 企业-顾客知识共创研究 ……………………………（38）

　2.4 已有研究述评 …………………………………………………（39）

　　2.4.1 关注企业-顾客的双向互动 …………………………（40）

　　2.4.2 企业-顾客在线互动的内涵界定、维度划分及其测量研究 …（40）

　　2.4.3 企业-顾客在线互动对新产品开发绩效的作用机制研究 …（40）

　　2.4.4 企业-顾客知识共创的内涵界定、维度划分及其过程机制 …（41）

　2.5 本章小结 ………………………………………………………（41）

3 企业-顾客在线互动对新产品开发绩效影响机制的探索性案例研究 …（42）

　3.1 研究设计 ………………………………………………………（42）

　　3.1.1 理论预设 ………………………………………………（43）

　　3.1.2 案例选择 ………………………………………………（45）

　　3.1.3 数据收集 ………………………………………………（45）

　　3.1.4 信度和效度控制 ………………………………………（47）

　　3.1.5 数据分析 ………………………………………………（48）

　3.2 案例对象简介 …………………………………………………（49）

　　3.2.1 案例一:A 公司-L 高校科研管理系统开发项目 ……（49）

　　3.2.2 案例二:B 公司 F1 三维扫描仪开发项目 ……………（49）

　　　3.2.3　案例三:C 公司 HLSG 游戏开发项目 …………………（50）
　　　3.2.4　案例四:D 公司 MK 平台开发项目 …………………（51）
　　3.3　案例内分析 ………………………………………………（51）
　　　3.3.1　企业-顾客在线互动编码分析 …………………（51）
　　　3.3.2　知识共创编码分析 ……………………………（59）
　　　3.3.3　新产品开发绩效编码分析 ……………………（64）
　　3.4　多案例间比较研究 ………………………………………（67）
　　　3.4.1　企业顾客在线互动与新产品开发绩效 …………（67）
　　　3.4.2　企业-顾客在线互动与知识共创 …………………（69）
　　　3.4.3　知识共创与新产品开发绩效 ……………………（71）
　　3.5　本章小结 …………………………………………………（72）
4　企业-顾客在线互动、知识共创与新产品开发绩效关系的理论模型……（74）
　　4.1　企业-顾客在线互动与知识共创的关系 …………………（74）
　　　4.1.1　企业-顾客信息导向互动与知识共创的关系 …………（75）
　　　4.1.2　企业-顾客关系导向互动与知识共创的关系 …………（76）
　　　4.1.3　企业-顾客任务导向互动与知识共创的关系 …………（77）
　　4.2　知识共创与新产品开发绩效的关系 ………………………（79）
　　4.3　企业-顾客在线互动与新产品开发绩效的关系 …………（80）
　　　4.3.1　企业-顾客信息导向互动与新产品开发绩效的关系 ……（80）
　　　4.3.2　企业-顾客关系导向互动与新产品开发绩效的关系 ……（81）
　　　4.3.3　企业-顾客任务导向互动与新产品开发绩效的关系 ……（83）
　　4.4　理论模型构建 ……………………………………………（85）
　　4.5　本章小结 …………………………………………………（85）
5　企业-顾客在线互动、知识共创与新产品开发绩效关系的实证分析……（87）
　　5.1　研究设计 …………………………………………………（87）
　　　5.1.1　问卷设计 ………………………………………（87）
　　　5.1.2　变量测量 ………………………………………（89）
　　　5.1.3　研究数据的获取 ………………………………（94）
　　　5.1.4　数据分析方法 …………………………………（96）
　　5.2　实证分析 …………………………………………………（98）
　　　5.2.1　探索性因子分析 ………………………………（98）

　　5.2.2　验证性因子分析 ……………………………………………（103）

　　5.2.3　结构方程模型检验 …………………………………………（106）

　5.3　分析与讨论 ……………………………………………………（109）

　　5.3.1　企业-顾客在线互动各维度对知识共创各维度的影响存在
　　　　　一定差异 …………………………………………………（109）

　　5.3.2　知识共创各维度对新产品开发绩效均有显著正向影响 ……（110）

　　5.3.3　企业-顾客在线互动各维度对新产品开发绩效的影响路径
　　　　　存在一定差异 ……………………………………………（110）

　5.4　本章小结 ………………………………………………………（110）

6　企业-顾客知识共创的过程机制研究 ………………………………（112）

　6.1　知识创造相关研究 ……………………………………………（112）

　　6.1.1　知识创造的内涵 ……………………………………………（112）

　　6.1.2　知识创造的过程模型 ………………………………………（113）

　6.2　企业-顾客知识共创的过程机制 ………………………………（119）

　　6.2.1　知识的分类 …………………………………………………（119）

　　6.2.2　企业-顾客知识共创过程模型 ……………………………（121）

　6.3　案例分析 ………………………………………………………（123）

　　6.3.1　案例选择 ……………………………………………………（124）

　　6.3.2　数据收集 ……………………………………………………（124）

　　6.3.3　研究结果与分析 ……………………………………………（125）

　6.4　本章小结 ………………………………………………………（138）

7　结论与展望 …………………………………………………………（140）

　7.1　主要研究结论 …………………………………………………（140）

　　7.1.1　企业-顾客在线互动的内涵界定和维度构成 ……………（141）

　　7.1.2　企业-顾客在线互动各维度对知识共创各维度的影响存在
　　　　　一定差异 …………………………………………………（141）

　　7.1.3　知识共创对新产品开发绩效有显著正向影响 ……………（142）

　　7.1.4　企业-顾客在线互动各维度对新产品开发绩效的影响路径
　　　　　存在一定差异 ……………………………………………（142）

　　7.1.5　企业-顾客知识共创的内涵界定及其过程机制 …………（142）

　7.2　理论贡献 ………………………………………………………（143）

7.2.1　从企业与顾客知识共创的视角研究顾客参与新产品开发
　　　　问题 ···(143)

7.2.2　对企业-顾客在线互动的概念和维度构成进行了明确的分析
　　　　界定 ···(143)

7.2.3　构建了企业-顾客在线互动、知识共创和新产品开发绩效的
　　　　作用关系模型 ···(144)

7.2.4　对企业-顾客知识共创的概念和维度构成做了明确的分析
　　　　界定,并揭示了企业-顾客知识共创的过程机制 ············(144)

7.3　管理启示 ··(145)

7.3.1　高度重视并积极搭建企业-顾客在线互动平台 ············(145)

7.3.2　积极采取多种有效的企业-顾客在线互动方式 ············(145)

7.3.3　不断强化顾客的知识创造能力和意愿,有效实现外向型
　　　　知识共创 ···(146)

7.3.4　努力提升企业的顾客知识管理意识和能力,有效实现内向型
　　　　知识共创 ···(146)

7.4　研究局限与未来研究展望 ··(146)

7.4.1　本研究的局限性 ··(146)

7.4.2　未来研究展望 ···(147)

参考文献 ···(149)

附　录 ··(173)

1 绪 论

1.1 研究背景及意义

1.1.1 现实背景及意义

1. 顾客参与已成为企业新产品开发成功的重要因素

随着全球竞争的日益激烈、新技术的不断更新、产品生命周期的缩短以及市场需求的迅速变化,新产品开发(new product development,NPD)已成为影响企业生存和发展的关键环节,是企业竞争优势的重要来源(Brown & Eisenhardt,1995)。企业需要在更短的时间内、以更低的成本开发出更符合市场需求的新产品,才能在激烈的竞争中获得生存和发展。然而,由于环境巨变,而且新产品开发过程本身具有高风险性和复杂性,使得新产品开发的失败率很高,成为威胁企业发展的严重问题。这说明尽管关于新产品开发的理论研究一直在如火如荼地展开,但新产品开发过程中所面临的现实问题仍不断涌现,已有的理论研究成果仍不足以解决现实问题。因此,影响新产品开发成功的关键因素以及其中的作用关系仍需要做进一步深入的理论探索和实证研究。

在诸多影响新产品开发绩效的因素中,企业内外部各群体知识资源的获取、整合和利用已被证实为新产品开发成功的重要因素之一。在外部环境日益变化的形势下,企业的产品创新活动正从封闭走向开放,"共同创造"作为一种汇聚各方力量的创新模式,开始应用于新产品开发实践。成功的新产品开发需要运用企业内外部各群体的知识资源,而顾客作为重要的外部资源已在理论上得到了学者们的共识,顾客无疑是重要的"合作创造者"之一(Prahalad & Ramaswamy,2000;Mahr et al.,2014)。与此同时,顾客参与在新产品开发中的积极作用也获得了越来越多企业的重视,并已被证实为新产品成功的重要因素之一。企业的产品创新活动已从传统上"以企业为中心"的单边创新范式向"企业-顾客共创价值"的交互创新范式转变(王琳,2012)。顾客在企业创新活动中的重要地位日益凸显,他们已不仅仅是产品的被动接受者,而是主动表达自己需求和愿望,并参与到产品设计过程中,扮演着企业新产品的共同开发者、企业合作者与竞争者,以及价值共同创造者等多重关键角色(王永贵,2011)。Ramaswamy(2004)指出,顾客与企业的合作主要通过互动来实现。企业与顾客间蕴含着一种"共生关系","企业-顾客互动"的界面是企业与顾客共创价值的新场所(Muller & Zenker,2001)。在价值共创的创新层面,创新过程也是参与主体的知识增加过程,是知识的共同创造(Kohlbacher,2008)。因此,通过与顾客的互动来整合双方知识和潜能并实现知识共创,进而使创新想法不断涌现,是提升企业新产品开发绩效的重要途径。

2. 互联网时代顾客在线参与成为企业新产品开发制胜的关键

传统的线下环境难免使得顾客群体的参与活动受到限制,企业很难真正挖掘顾客作为"合作创造者"的潜力。互联网和信息技术的高速发展,进一步打破了传统实体环境下,企业-顾客互动在顾客数量及时间等方面的局限,使企业与庞大顾客群体的在线实时互动成为可能。在新产品开发过程中,企业可通过电子邮件、论坛、微博、在线社区、即时通信工具、虚拟实验室、顾客创新工具箱等途径和方式,实现与顾客的大规模零距离互动,企业-顾客互动的广度、深度和频度大大增强。顾客拥有了直接参与企业新产品开发活动的便利途径,企业也拥有了及时、高效、低成本地识别、捕获创新知识和信息的重要渠道(Fuller et al.,2006;Chu & Chan,2009)。越来越多的企业开始尝试通过虚拟创新社区等企业-顾客在线互动方式,把志趣相投的各方力量汇聚起来进行新产品开发(Flavian & Guinaliu,2005;Sheng & Hartono,2015)。

顾客在线参与新产品开发最典型的是软件行业的开源社区,例如操作系统Linux就是典型的开源软件。Linux的核心代码库被存放在一个全球软件开发者社区中,很多软件专业人士或爱好者等社区成员对该代码库不断地进行修改和完善,这些参与者中只有很少的一部分是IBM公司的正式员工。如今越来越多的企业成功地使用这种"分布式共同创造"模式,以发掘更多优秀的产品创意,以及更快速有效地利用这些创意,为企业创造竞争优势。在星巴克的顾客创意论坛中,顾客可以自由发表对产品或服务的想法和建议,通过顾客间丰富的对话和交互形成和提升新服务创意,创造服务突破。衬衫零售商Threadless的商品通过网上销售,这些商品正是通过与公司的顾客群进行互动来完成设计的。国内的小米手机也是顾客在线参与新产品开发的典型案例,小米的产品理念是"为发烧而生",让 60 万烧友参与手机系统的开发,根据发烧友的反馈意见不断改进。在小米社区中,"米粉"们毫无保留地进行互动和分享。正是这种企业-顾客共同创造的模式铸就了小米的成功。很多公司都创建了类似的在线平台,以更加积极、直接和系统化地将顾客的新产品创意整合到新产品开发过程中,如耐克的篮球鞋社区、星巴克的顾客创意论坛、微软的虚拟实验室,以及宝马社区、华为花粉社区、联想开发社区、魅族社区、海尔创新社区、威锋网等。还有很多企业通过微博、微信、QQ 等社交媒体工具与顾客建立并维系良好关系,通过与顾客的在线互动汲取顾客智慧,为企业创新提供源源不断的养分(Della Corte et al. ,2015)。除此之外,国外许多公司利用先进的虚拟产品实验室、顾客创新工具箱等方式让顾客更加直接、深入地参与到企业的新产品开发中去,例如奥迪公司的信息娱乐系统产品实验室就是通过虚拟方式将顾客整合到企业新产品开发过程中,让顾客经由互联网体验创新产品,并通过反复试验提出新的想法。而创新工具箱在全球香料供应商 BBA 公司的香料开发、GE 的塑料产品开发,以及电脑游戏、T 恤、运动鞋等顾客在线参与的新产品开发领域得到广泛使用,并为企业带来了巨大的附加价值。相比而言,国内企业在虚拟产品实验室和顾客创新工具箱等方面稍显滞后,仍有待进一步探索和实践。

综上所述,基于互联网的虚拟顾客整合已在企业新产品开发实践中广泛运用并为企业创造了巨大价值,与此同时,消费者的个性化需求越来越强烈,出于不满足现有选择等原因,顾客也希望通过各种便利的在线工具与企业进行互动并共创价值(Ramaswamy,2004)。在线顾客群体拥有大量与产品相关的消费知识、市场信息和技术诀窍(Fuller et al. ,2006);企业与顾客的在线互动,可充分利用顾客群体的异质性知识和创造力,在思维碰撞中激起创造性风暴(王莉和任浩,2013)。因此,深入研究网络环境下参与新产品开发的顾客与企业之间的交互活动,探索和验证影响新产品开发绩效的机制,是一项重要和现实的研究课题,对于帮助企业如何更好地认识网络环境下顾客对企业的价值,把握顾客在线参与新产品开发的创新规律,找到有效提升新产品开发绩效的关键路径,优化企业内外部管理以高效实现与顾客的价值共创,有效地理解与响应顾客差异化、层次化和不断变化的需求,从而在严峻的竞争形势下胜出,具有重大的现实指导意义。

3. 有效整合企业内外部知识资源并实现知识共创成为企业创新的主导范式
随着经济全球化和信息技术的迅猛发展,企业面临着更加不确定和充满挑战的生存与发展环境。知识已经成为企业竞争优势的核心来源,知识竞争成为企业竞争的主流形态。如何有效利用、挖掘、创造和管理这一资源,实现企业竞争优势,成为学者们的研究热点。新产品开发是一个复杂的知识运动过程。在这个过程中,企业不仅要运用自身已有的各种相关知识,而且还要努力从企业外部获取各种知识,进而创造新的知识。企业如何有效整合和利用内外部知识资源已成为新产品成功的重要因素,特别是顾客知识已成为企业提高产品开发成功率、获取持续竞争优势的重要源泉。在市场竞争不断加剧、产品生命周期日益缩短、顾客对产品需求的变化越来越快的形势下,企业所要面对的一个难题就是如何对外部知识进行挖掘和有效管理并创造新的知识,通过知识转化利用和创新成功实施新产品开发,提高竞争力。

1.1.2 理论背景及意义

1. 开放式创新背景下顾客参与新产品开发正成为创新研究的热点

顾客参与新产品开发是创新领域的新兴重要研究方向,涉及服务管理、营销管理、创新管理等多个学科。纵观目前的相关文献,学者们从不同的视角展开理论研究,取得了丰硕的成果。已有研究涉及不同的研究视角和切入点,如顾客参与创新、开放式创新、服务主导逻辑、顾客价值共创、用户创新、顾客互动、顾客合作生产、用户驱动型创新、顾客共同开发、关系营销、顾客整合等,总体较为零散,尚未形成完整的理论体系。在研究内容上,涉及顾客参与新产品开发内涵界定和维度划分、顾客角色、参与程度、参与动机、参与阶段、顾客特征、对绩效的影响等一系列问题,已形成大量研究成果。顾客参与对新产品开发绩效的影响受到了国内外学者的重点关注,部分学者曾对顾客参与新产品开发能带来绩效的提升持怀疑态度(Leonard-Barton & Sinha,1993;Bidault & Cummings,1994;Bruce et al.,1995;Christensen,1997;Ulwick,2002;Cui & Wu,2017)。但总体而言,学界普遍认同顾客参与对新产品开发的积极作用(Griffin & Page,1996;Gruner & Homburg,2000;von Hippel,2001;Alam,2002;Matthing et al.,2004;Enkel et al.,2005;Lagrosen,2005;Gemser & Perks,2015;汪涛等,2009)。在顾客参与对新产品开发绩效的直接效应基础上,一些学者开始关注两者的间接效应。Fang(2008)指出,顾客参与新产品开发的绩效影响机制是一个有意义的研究方向。已有研究主要从关系嵌入、知识整合、知识转移、组织学习等角度来考察顾客参与对新产品开发绩效的间接效应(Bonner,2010;汪涛和郭锐,2010;姚山季和王永贵,2011;卢俊义和王永贵,2011;王琳,2011),试图打开其作用机制的黑箱。但很多研究都基于信息处理的视角,特别是传统的线下参与情境的研究,大多从单向参与企业创新的视角出发,将顾客仅仅视为企业创新活动中的信息提供者,主要关注企业如何获取顾客信息以提升创新绩效,低估了顾客的"合作创造者"角色,缺乏对双向互动、共同创造的重视。

2. 在线情境下的顾客参与新产品开发日益引起学界的关注

在传统实体环境下,顾客在绝大多数新产品开发过程中所发挥的作用是十分有限而且被动的,这当中有很多限制因素,其中一个重要的因素就是顾客与企业(特别是与企业新产品开发人员)之间缺乏有效的沟通渠道和工具,企业与顾客之间的"连通性"太弱。Matthing et al. (2004)指出,顾客参与新产品开发需要太多的沟通,传统的线下沟通成本太高,使得传统的方法难以获取、识别、理解和满足顾客潜在的需求。事实上,除了倾听顾客的心声,企业还可以充分鼓励顾客投入知识,甚至通过与顾客频繁的互动合作,互相启迪思想,共同创造知识,找到用户没有表达出来的、产品的兴奋要素,以满足用户的最大需求,提高新产品的市场竞争力。企业-顾客合作创新的本质是互动(Prahalad & Ramaswamy,2000)。隐性、黏性的知识和洞察力很难与产生它的社会背景分离,因而需要更深入的双向互动和沟通过程(Lundkvist & Yakhlef,2004)。Sigala(2012)的案例研究也发现,创意并非预先存在,而是在企业与顾客互动、对话过程中产生的。随着互联网和信息技术的发展,企业与顾客之间拥有了比简单的信息处理方法更为丰富的互动和沟通过程,企业吸纳顾客参与产品创新过程的能力大大增强,信息通信技术的快速发展为顾客深入参与企业产品开发提供了强大的技术基础设施,使得新产品开发中的企业-顾客关系发生了突破性的转变,使得新产品开发从"企业利用顾客知识"的视角向"与顾客共同创造知识"的视角转变。与此同时,在线情境下的顾客参与新产品开发引起了理论界和实践界的关注。

国外学者已对顾客在线参与新产品开发问题进行了大量有益的探索,而国内相关研究仍处于起步阶段。国外相关研究成果对后续理论研究及中国情境下的实证研究有较大的借鉴价值。但已有研究尚未形成一个系统的分析框架和完整的理论体系,仍有诸多问题有待进一步深入探讨。综观已有文献,大量研究集中于顾客在线参与新产品开发的动机方面(Hars & Ou,2002;Lakhani & Hippel,2003;Fuller et al.,2006;Oreg & Nov,2008),很多研究也涉及了顾客在线参与新产品开发的方式。概括而言,主要有用户生成内容、基于社区的创新、虚拟产品体验和顾客创新工具箱四类(Fuller et al.,2004;Jeppesen,2005;Rowley,2007;Kohler et al.,2009;Andreassen,2009;Sigala,2012)。此外,顾客在线参与对新产品开发绩效的影响获得了多数学者的认可(Franke & Hippel,2003;Dennis & Fowler,2005;Sawhney et al.,2005),也有学者提出了顾客在线参与新产品开发带来的风险问题(Jeppesen,2005;Hoyer et al.,2010)。

3. 顾客在线参与对新产品开发绩效影响机制问题尚待进一步深入研究

如前所述,在顾客参与对新产品开发绩效的影响方面,大量文献进行了研究,但对于其间接效应明显缺乏足够的关注,即对于顾客参与对新产品开发绩效的作用机制的"黑箱"尚未被完全打开。很多研究都基于信息处理的视角,主要关注企业如何获取顾客信息以提升创新绩效,低估了顾客的"合作创造者"角色,缺乏对双向互动、共同创造的重视。在线情境下,已有些研究开始关注企业-顾客双向互动和共创,但大多是理论阐述,或简单的案例研究,如 Franz & Wolkinger(2003)研究了通过虚拟社区将顾客整合进新产品开发过程;Fuller(2007)以奥迪公司为例研究顾客如何参与虚拟产品体验;Rowley(2007)等以风筝社区为例研究顾客社区中的共创问题;Nicolajsen & Scupola(2011)研究了顾客参与某工程咨询服务公司的突破性服务创新;Pedrosa(2012)研究了物流服务业的顾客整合案例;Lamberti & Noci(2009)研究了某玩具公司的顾客在线体验;Dahlsten(2004)研究了沃尔沃汽车 XC90 项目中的女性顾客参与。这些研究大多专注于顾客参与阶段、顾客所扮演的角色等方面的探索,对于在线情境下企业-顾客互动对新产品开发绩效的影响仍缺乏系统的研究,对知识共创及其在两者关系中的重要作用尤其缺乏足够关注。

1.2　研究问题的提出

基于企业新产品开发的现实背景及理论研究趋势,本书以浙江省内企业为研究对象,以企业-顾客在线互动为切入点,构建"企业-顾客在线互动—知识共创—新产品开发绩效"的理论分析框架,分析企业-顾客在线互动对新产品开发绩效的影响机制,探索知识共创的中介作用,并进一步揭示企业-顾客知识共创的过程机制。具体而言,本书试图逐层深入地探究以下四个问题:

(1)企业-顾客在线互动的概念内涵如何界定？其具体的维度构成如何？如何对其进行测量？

借鉴已有关于顾客参与、企业-顾客互动的相关研究,在充分考虑顾客在线参与和实体参与、顾客参与新产品开发和顾客购买消费过程中的参与之间的区别和联系基础上,明确针对企业-顾客在线互动进行内涵界定和维度划分,并开发出相应的测量量表。

(2)企业-顾客在线互动对新产品开发绩效的作用机制如何？

现有关于企业-顾客互动对新产品开发绩效的作用机制的研究较少,在线情境下的研究更是缺乏,已有研究大多关注两者间的直接关系,或仅从信息处理视角,关注创新过程中信息从顾客向企业的有效传递与转移,并未深入到创新的本质层面。因此,从知识共创角度进行深入研究,将有助于揭示企业-顾客在线互动对新产品开发绩效作用机制的黑箱。因此,本研究构建企业-顾客在线互动、知识共创和新产品开发绩效的作用机制模型,通过探索性案例研究和大样本统计分析进行实证检验。

(3)知识共创的概念内涵如何界定？其具体的维度构成？如何对其进行测量？

借鉴知识创造相关研究,对知识共创这一基本概念的内涵进行明确界定,探索其维度构成,并开发出相应的测量量表。

(4)企业与顾客之间如何实现知识共创？其具体的过程机制如何？

在研究知识共创中介作用的基础上,就企业-顾客知识共创的过程机制做进一步的细化研究,揭示企业与顾客如何实现知识共创,探明外向型知识共创和内向型知识共创具体的实现路径和步骤,深入剖析顾客参与新产品开发的创新规律。

1.3　关键概念界定

1.3.1　企业-顾客在线互动

"企业-顾客互动"概念起源于服务管理与服务营销领域,是顾客在服务生产环节中与服务提供商发生的合作活动(co-production)在创新层面的自然延伸。它体现了对企业与顾客合作创新的理解,已实现从"企业单向利用顾客信息"向"企业与顾客共同创造知识"的转变(Lundkvist & Yakhlef,2004)。Matthing et al.(2004)认为企业-顾客互动是服务提供商与当前或潜在顾客合作,从而学习市场并改变组织行为的过程、事件和互动;Lundkvist & Yakhlef(2004)认为企业-顾客互动不仅是信息、想法、意图和知识的转移,同时也提供了共同构建信息、想法和知识的机会,导致集体行动。Nambisan(2002,2009)指出要为企业新产品开发构建虚拟顾客环境(virtual customer environments,VCE),他认为企业可以提供在线论坛、虚拟设计工具箱、原型制造中心等服务,建立可以吸纳各种角色的顾客参与的分布式创新模式,并引导顾客在新产品开发各阶段担任不同的角色。他认为在虚拟顾客环境中,顾客同时扮演资源、用户和共同创造者三重角色。资源指顾客作为企业创新思想的源泉,共同创造者指顾客参与企业产品的设计和开发,用户指顾客参与企业产品测试和产品支持。Nambisan(2010)又指出,在虚拟顾客环境中的共同创新和价值共创过程中,顾客扮演以下五种角色:概念生成者、产品设计者、产品测试者、产品支持专家和产品营销者。Fuller et al.(2006,2008)、Chan(2010)等强调了"基于社区的创新(community based innovation,CBI)"概念,并指出顾客能为企业提供多样化的需求信息及通过产品实际使用所获得的各种知识,因而是企业产品开发必不可少的外部资源。

综上所述,本书认为企业-顾客在线互动是企业与顾客基于互联网和社会化媒体,围绕特定创新任务而进行的持续交流与协作活动,可分为信息导向互动、关系导向互动和任务导向互动三个维度。信息导向互动是企业与顾客在线分享和交换创新信息的活动;关系导向互动是以建立双方持久关系和满足情感需求为目标的在线互动;任务导向互动是企业与顾客围绕特定创新任务开展的在线合作。

1.3.2 知识共创

Mohaghar et al.(2012)指出,知识共创是指组织与合作伙伴、竞争者、供应商和顾客相互协作以创造知识。在企业新产品开发过程中,顾客是知识共创的重要参与者,因为他们比企业更清楚自己要什么。企业新产品开发所必需的顾客知识并完全作为一个"事先准备好的包裹"而存在,还需要通过企业与顾客的合作来共同创造新的知识,这种合作就是"知识共创"的过程(Kohler et al.,2011;Mohaghar et al.,2012)。Chesbrough & Crowther(2006)指出,开放式创新包括由外而内和由内而外两种基本知识流程,即知识的外部获取和外向转移。张永成和郝冬冬(2011)在 Chesbrough & Crowther(2006)基础上,将开放式创新下的知识共创分为嵌入性知识共创和外部联合创造两种方式。结合已有研究,本书将企业-顾客在线互动情境下的知识共创定义为:企业与顾客在互动交流过程中,通过互相启发、诱导、激励,共同构建和发展新知识的过程,并将其分为内向型知识共创和外向型知识共创两类。内向型知识共创是基于企业逻辑的,指企业吸收顾客知识,在企业内部经过共享、整合、利用,进而创造出新的知识;外向型知识共创是基于顾客逻辑的,指顾客利用企业提供的知识和资源,与自身拥有的知识与技能相融合,进而发展出新的知识。

1.3.3 新产品开发绩效

Cooper & Kleinschmidt(1987)从财务绩效、市场影响和机会窗口三个方面测量新产品开发绩效。Barczak & Gloria(1995)认为应根据以下四个指标来衡量新产品开发绩效:(1)销售额低于目标水平、超过目标水平或维持一定水平;(2)是否达到目标市场占有率;(3)新产品获利率;(4)对新产品开发的整体满意度。Ulrich & Eppinger(2000)采用质量、时间、能力、开发成本和制造成本五个维度来测量新产品绩效。Spanos & Lioukas(2001)以市场地位和获利能力作为新产品绩效指标。Rauniar(2008)使用顾客满意、产品开发时间和产品成本三个指标测量新产品绩效。Ngamkroeckjoti & Speece(2008)从顾客接受程度、市场增长、销售量、市场份额、营业额增长、投资回报率六个方面测量新产品开发绩效。Islam et al.(2009)从项目符合或超过预期时间、项目预算、全体高级管理者的期望、顾客期望、销售期望、预期利润、预期市场占有率七个方面来度量新产品绩效。Bonner(2010)根据产品质量、产品特点、技术绩效和满足顾客需求程度四个指标来度量新产品开发绩效。国内学者吴家喜和吴贵生(2008)从产品质量、开发成本、开发周期、市场反应、获利能力以及客户满意度六个方面测量新产品开发绩效。姚山季和王永贵(2011)从时间绩效、创新绩效和财务绩效三个维度测量新产品开发绩效。

尽管不同领域的研究者选择新产品开发绩效的测量维度和指标存在差异,但有一点是一致的,即从多维度视角来测量新产品开发绩效,而不是局限于最终的财务结果。参考上述学者的观点,考虑到本研究的实际情况,结合有关专家意见,本书主要从技术绩效、顾客绩效及财务绩效三个方面,使用三个题项对新产品开发绩效进行测量。

1.4 研究方法和技术路线

1.4.1 研究方法

总体而言,本书主要采用了以下几种研究方法:

(1)文献分析与理论推演。对国内外各类学术期刊数据库进行跟踪检索,广泛查找、仔细阅读与本研究相关的文献资料,梳理相关的理论脉络,为本研究奠定坚实的理论基础。

(2)案例研究方法。借鉴 Eisenhardt(1989)和 Yin(1994)等学者的观点,本研究在企业调研和深度访谈工作基础上,选择其中 4 家企业的典型新产品开发项目,开展探索性案例研究,探明了企业-顾客在线互动的维度构成,并通过案例内分析和案例间分析,初步构建了企业-顾客在线互动与新产品开发绩效的作用关系模型。此外,还采用了验证性案例研究方法,对企业-顾客知识共创的过程机制进行研究。

(3)定量实证研究。通过大样本问卷调查获取研究数据,并采用因子分析、企业-顾客在线互动结构方程模型分析等,对本研究提出的理论模型和研究假设进行检验。在问卷发放与收集基础上,运用 SPSS17.0 和 Amos17.0 等软件进行统计分析。

1.4.2 技术路线

本书将紧密围绕"企业-顾客在线互动如何影响新产品开发绩效"这一基本问题,通过文献分析、探索性案例研究和理论分析,构建企业-顾客在线互动对新产品开发绩效的影响机制,并通过大样本调查进行实证检验。在此基础上,就企业-顾客知识共创的过程机制做进一步的细化研究,探明外向型知识共创和内向型知识共创具体的实现路径和步骤,深入剖析顾客参与新产品开发的创新规律。本研究结论对相关理论研究进行了补充与完善,为企业构建恰当的企业-顾客在线互动模式以提升新产品开发绩效提供了理论指导。本研究的技术路线如图 1-1 所示。

问题提出

理论综述
· 顾客参与新产品开发理论
· 顾客在线参与新产品开发理论
· 知识共创理论

文献梳理
规范分析

访谈调研
扎根理论
案例内分析
案例间分析

探索性案例研究
· 企业 – 顾客在线互动
· 知识共创
· 新产品开发绩效

企业顾客在线互动对新产品
开发绩效的影响机制模型
· 概念模型构建
· 理论假设提出
· 新产品开发绩效

文献分析
理论推导

实证分析
· 问卷调查
· 信度效度检验
· 结构方程建模

扩展研究

知识共创的过程机制
· 理论分析
· 案例研究

结论与展望
· 主要研究结论
· 理论贡献与实践启示
· 研究局限与未来展望

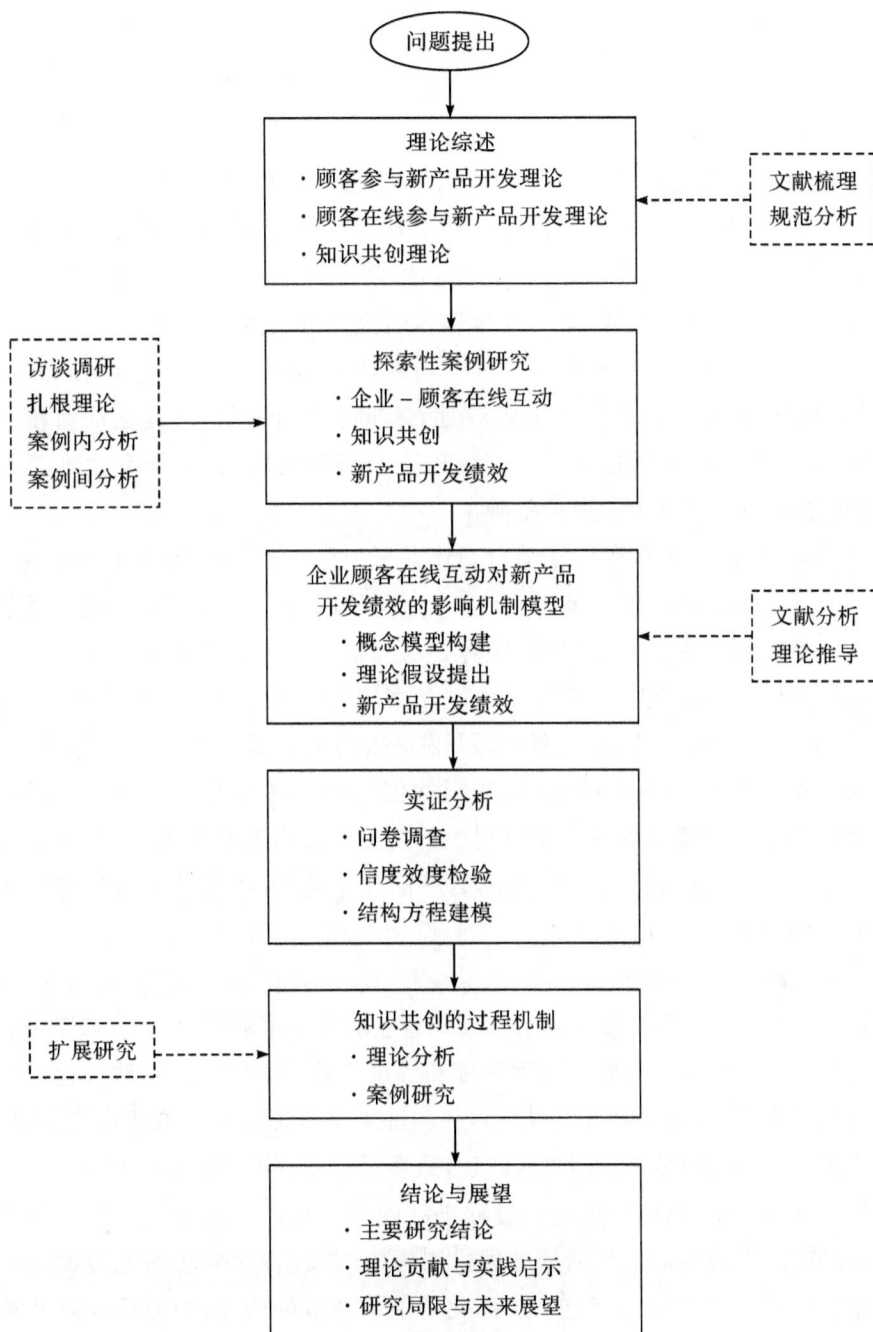

图 1-1　本研究的技术路线

1.5　章节安排

本研究根据上述技术路线,分为以下 7 章展开分析,具体内容如下:

第 1 章为绪论。本章基于研究的现实和理论背景,提出本研究拟解决的问题,界定企业-顾客在线互动、知识共创和新产品开发绩效概念,并介绍了本书的主要研究方法、技术路线、章节安排以及研究的创新点。

第 2 章为文献综述。本章对顾客参与新产品开发、顾客在线参与新产品开发及知识共创相关理论进行了文献综述,阐明了企业-顾客在线互动与新产品开发绩效关系理论研究的不足与有待进一步研究之处,为本研究找到了切入点,并为全书的研究奠定了理论基础。

第 3 章为企业-顾客在线互动对新产品开发绩效影响机制的探索性案例研究。本章基于第 2 章的理论基础,选择 4 个典型的新产品开发项目进行案例研究。在文献梳理基础上,提出企业-顾客在线互动与新产品开发绩效关系的理论预设,并介绍了案例研究的方法和过程,包括案例选择、数据收集、数据分析等,探究企业-顾客在线互动、知识共创与新产品开发绩效的关系,提出 11 个初始假设命题。

第 4 章为企业-顾客在线互动、知识共创与新产品开发绩效关系的理论模型。本章在第 3 章探索性案例研究得出的初步假设命题基础上,结合已有相关研究做进一步深入的理论探讨,通过推理论证企业-顾客在线互动与新产品开发绩效之间的关系,提出相应的 11 个假设和本研究的理论模型。

第 5 章为企业-顾客在线互动、知识共创与新产品开发绩效关系的实证分析。本章通过对企业新产品开发项目的问卷调查获取大样本数据,对上一章提出的研究框架与假设进行实证检验。运用信度和效度检验、因子分析、结构方程模型分析等方法对变量的测量题项进行检验,并验证本书所提出的理论假设是否成立,对前文提出的理论模型进行调整和修正,最后对实证分析结果进行讨论。

第 6 章为企业-顾客知识共创过程机制研究。本章在对相关文献回顾的基础上,建立企业-顾客知识共创的过程机制模型,并以 A 公司为研究对象进行验证性案例分析。本章的研究进一步深化了前面章节的研究,并为后续研究奠定了基础。

第 7 章为结论与展望。对本研究的主要观点和结论进行总结,分析本研究的理论贡献及管理启示,同时指出本研究的不足之处和未来研究展望。

1.6　本书的创新点

1.6.1　从企业与顾客知识共创的视角研究顾客参与新产品开发问题

顾客参与新产品开发已经获得理论界和实践界的广泛关注,其对新产品开发绩效的积极作用也已获得学界认可。但对于其间接效应明显缺乏足够的关注,即对于顾客参与对新产品开发绩效的作用机制的"黑箱"尚未被完全打开。已有的很多关于顾客参与对新产品开发绩效影响的研究都基于信息处理的视角,特别是传统的线下参与情境研究,大多从单向参与企业创新的视角出发,将顾客仅仅视为企业创新活动中的信息提供者,主要关注企业如何获取和利用顾客信息以提升创新绩效,低估了顾客的"合作创造者"角色,缺乏对企业-顾客双向互动、共同创造的重视。在线情境下,已有些研究开始关注企业-顾客双向互动和共创,但大多是理论阐述,或简单的案例研究,大多专注于顾客参与阶段、顾客所扮演的角色等方面的探索,对于在线情境下企业-顾客互动对新产品开发绩效的影响仍缺乏系统的研究。本研究突破以往研究的不足,并基于顾客在线参与企业新产品开发越来越普遍这一现实,将顾客参与新产品开发的情境,从传统的顾客线下实体性和单向性参与,延伸至网络虚拟环境下的企业-顾客在线双向互动,突出企业-顾客的双向作用过程,将顾客参与新产品开发从"企业利用顾客知识"向"企业与顾客共同创造知识"的转变,为相关领域研究的深入开展提供了新的视角。

1.6.2　对企业-顾客在线互动的概念和构成维度进行明确的分析界定

在继承现有关于顾客参与新产品开发研究的基础上,本研究扩展、提炼了企业-顾客在线互动这一基本概念,探索其内涵及构成要素,将其划分为信息导向互动、关系导向互动和任务导向互动三个维度,并通过理论分析、探索性案例研究和实证分析等开发出相应的测量量表,为顾客参与新产品开发研究的进一步深入开展提供了借鉴和参考。

1.6.3 构建了企业-顾客在线互动、知识共创和新产品开发绩效的作用关系模型

在顾客参与对新产品开发绩效的影响机制方面,大量文献进行了研究,但对于其间接效应明显缺乏足够的关注,即对于顾客参与对新产品开发绩效的作用机制的"黑箱"尚未被完全打开。学者们大多从知识获取、知识转移、知识整合、关系嵌入等视角展开研究,对企业-顾客双向互动、共同创造关注不够。在线情境下,已有些研究开始关注企业-顾客双向互动和共创,但大多是理论阐述,或简单的案例研究,专注于顾客参与阶段、顾客所扮演的角色等方面的探索,对于在线情境下企业-顾客互动对新产品开发绩效的影响仍缺乏系统的研究。本研究深入到企业与顾客合作创新的本质层面,从知识共创这一新颖视角出发,通过对四个新产品开发项目的探索性案例研究,并以浙江省内 202 个具有企业-顾客在线互动经历的新产品开发项目为实证分析对象进行大样本调查分析以及归纳演绎和逻辑推理,就企业-顾客在线互动对知识共创及新产品开发绩效的具体作用机制,构建相应的理论模型,探明各变量、维度间的具体作用路径、方式和程度,进行较系统的理论和实证研究。本研究突出了顾客的"合作创造者"角色,将顾客参与、知识管理和新产品开发理论系统化地联系起来,揭示企业-顾客在线互动对新产品开发绩效作用机制的黑箱,对顾客参与新产品开发的理论研究做了重要的补充和完善。

1.6.4 对企业-顾客知识共创的概念和构成维度做了明确的分析界定,并揭示了企业-顾客知识共创的过程机制

在继承前人研究成果的基础上,本研究提炼了企业-顾客知识共创这一基本概念,探索其内涵及构成要素,将其划分为外向型知识共创和内向型知识共创两个维度,并开发出相应的测量量表。进一步地,本研究还对企业-顾客如何实现知识共创的问题做深入的研究,通过理论梳理和典型案例分析,揭示了企业-顾客知识共创的过程机制,探明外向型知识共创和内向型知识共创具体的实现路径和步骤,深入剖析顾客参与新产品开发的创新规律,为相关领域进一步的深入研究提供借鉴和参考。

1.7 本章小结

本章在介绍本研究的现实背景和理论背景的基础上,提出了本书的研究问题,明确了企业-顾客在线互动影响新产品开发绩效的研究意义,对关键概念进行界定,提出了拟采用的研究方法、技术路线以及篇章布局,分析了可能的创新点,为开展后续章节的研究做铺垫。

2 文献综述

2.1 顾客参与新产品开发研究综述

2.1.1 顾客参与新产品开发相关研究视角

顾客参与新产品开发的研究起源于 20 世纪 70 年代，von Hippel(1976，1978)研究发现用户在某些工业品创新中起关键作用，而后掀起了人们对顾客参与创新的研究兴趣。随着信息技术的发展和体验经济时代的到来，顾客参与在新产品开发中的作用得到了越来越多行业的认可，无论是有形产品还是无形产品，顾客都能参与到产品创新过程中。企业新产品开发活动中的顾客参与研究也不断增加，纵观目前的相关文献，学者们从不同的视角展开理论研究，取得了丰硕的成果。已有研究涉及不同的研究视角和切入点，如顾客参与创新、开放式创新、顾客价值共创、服务主导逻辑、用户创新、顾客互动、顾客共创、顾客合作生产、用户驱动型创新、顾客共同开发、关系营销、顾客整合等，总体较为零散，尚未形成完整的理论体系。英文文献中关于顾客参与也存在 participation，involvement，interaction，integration，co-creation，co-production，co-development 等多种表述。

表 2-1 列举了顾客参与新产品开发部分相关研究。

表 2-1　顾客参与新产品开发相关研究总结

视角	研究者	主要观点
顾客价值共创	Prahalad & Ramaswamy (2000,2004a)	顾客已成为价值创造的合作伙伴,价值共创是网络经济时代企业竞争优势的重要来源,提出了由对话、访问、风险评估和透明度四个基本模块构成的 DART 顾客价值共创模式
	Mascarenhas et al. (2004)	顾客应参与企业价值链各个环节,与价值链中所有的参与者和组成部分进行积极的互动和分享,只要这种分享有利于增加顾客和企业的价值
顾客参与创新	Alam(2002)	提出了顾客参与新产品开发研究的整体框架,包括参与目标、参与阶段、参与强度和参与模式四个方面
	Lundkvist et al. (2004)	对话是顾客参与的基础,对话是参与各方形成思想和知识的过程,也是建立社会联结的过程
	Fang(2008)	将顾客参与新产品开发划分为信息提供和共同开发两个维度,顾客参与新产品开发指顾客涉入企业新产品开发活动的广度与深度
开放式创新	Chesbrough(2003)	开放式创新是指企业充分吸收外部创意推动内部创新活动,同时广泛利用外部市场渠道促进企业创新成果的商业化
服务主导逻辑	Vargo & Lusch (2004)	企业应当以顾客为导向从事生产和服务,关注顾客在价值联合创造中的角色和作用,以及顾客专用性人力资本作为主控资源的价值创造意义
用户创新	von Hippel(2001)	用户创新工具箱是用户参与的支持技术。随着工具箱的普遍采纳,用户越来越能获得他们想要的产品和服务
顾客互动	Bonner(2010)	顾客互动是潜在顾客和项目团队成员之间互动的程度,可划分为三个维度:双向沟通、顾客参与、联合解决问题
	Kaulio(1998)	顾客参与被定义为顾客与设计过程的互动。识别了三种类型的顾客参与:为顾客设计、与顾客共同设计、由顾客设计
	Gruner & Homburg (2000)	新产品开发特定阶段的顾客互动对新产品开发绩效有显著正向影响

续表

视角	研究者	主要观点
顾客共创	Mahr et al.(2014)	研究了顾客共创的前因后果,其影响因素包括领先用户特征、企业-顾客关系亲密性等,其对创新结果的影响包括顾客接受度、学习效果
顾客合作生产	Chen J S et al.(2011)	研究发现 B2B 行业顾客合作生产对服务创新有积极作用,这取决于合作伙伴兼容性和业务关系历史、情感承诺以及专业知识
用户驱动型创新	Wise & Hogenhaven (2008)	用户驱动型创新是挖掘用户知识以开发新产品、服务和概念的过程。用户驱动型创新以对用户需求的真正理解和更系统的用户参与为基础
顾客共同开发	Neale & Corkindale (1998)	共同开发是技术发起人和顾客亲密地卷入一个综合的或联合的开发项目的过程
关系营销	Lagrosen(2005)	顾客参与新产品开发活动有三个水平:交易水平、变量水平、整合水平,参与水平随情境不同而不同
顾客整合	Sandmeier et al. (2010)	持续的顾客整合会导致对市场变化更快速、更高效的反应以及新产品创新潜能的发掘

资料来源:根据相关文献整理。

2.1.2 顾客参与新产品开发的内涵界定和维度划分

Ritter & Walter(2003)将顾客参与新产品开发定义为顾客在新产品开发过程中所提供的个人资源或付出的实际行动的程度,主要衡量其为产品创新贡献的智慧与力量的多少。Cragin(2003)认为顾客参与是指顾客与企业在开发过程中在开发项目中相互交流的互动程度。Kaulio(1998)认为新产品开发中的顾客参与有两个主要衡量维度:一是从顾客创意产生、概念设计、产品研发等直至新产品投放市场这一系列过程中的具体参与点的多少;二是在新产品开发某一具体程序中顾客的知识和能力等的投入情况。Alam(2006)将服务创新中的顾客参与定义为服务创新过程中企业根据创新战略,通过适当的参与方式,在适当的创新阶段引入适当程度的顾客参与,从而使顾客在服务创新中发挥最大的积极作用。Fang(2008)将顾客参与新产品开发划分为信息提供和共同开发两个维度,认为顾客参与新产品开发指顾客涉入企业新产品开发活动的广度与深度。广度指顾客参与的范围,如仅仅参与一项开发活动(产品测试),还是参与多项开发活动(新思想产生、标准建立及产品测试等);深度则代表顾客参与的程度,如有些顾客只是临时参加,有的顾客则是一贯地深入参加。Cui & Wu(2017)也将顾客参与划分为顾客作为信息来源和顾客作为共同开发者两个维度。

国内学者姚山季和王永贵(2011)认为,顾客参与新产品开发是指在企业的新产品开发活动中,顾客通过各种方式参与进来,他们不仅会提供相关的思想、信息与知识,而且还会与企业联合设计、开发新产品,甚至率先测试和使用新产品,还能基于自身的技术能力与管理经验,自行进行新产品开发,并对企业提供技术和创新方面的指导与帮助。从参与程度的视角,将顾客参与划分为三个维度:信息提供、共同开发与顾客创新。姚山季和王永贵(2012)又从参与角色的视角,将顾客参与新产品开发分为信息提供和参与创造两个维度。信息提供指的是顾客将新产品市场信息、需求信息及开发信息等提供给企业,以使开发小组更好地开展新产品开发活动;参与创造意指一种深层次的参与活动,顾客与企业共同开发与创造新产品,顾客的参与任务在新产品开发整体任务中的重要性极为显著。戴智华等(2014)研究了顾客参与对新产品开发创新绩效的影响,将顾客参与划分为工作认知、信息提供、共同开发及人际互动四个维度。

由此可见,顾客参与新产品开发没有统一的内涵界定和维度划分,学者们都结合自身的研究方向和研究视角对其进行界定。

2.1.3 顾客参与新产品开发的研究维度

Alam(2002)提出的顾客参与新产品开发研究的整体框架,包括参与目标、参与阶段、参与强度和参与模式四个方面,得到学界较为广泛的认可。Kaulio(1998)提出可以从两个维度来研究顾客参与新产品开发,一是纵向维度,包括顾客和开发过程之间的互动点,相当于Alam(2002)提出的参与阶段;二是横向维度,着重于顾客参与产品开发的深度,具体包含三种类型:为顾客设计、与顾客一起设计和由顾客设计,相当于Alam(2002)提出的参与程度。综观已有文献,学者们主要从顾客角色、参与程度、参与阶段、参与顾客特征等方面,选择其中的一个或多个方面展开研究。

1. 顾客在新产品开发中的角色和参与程度的研究

在战略管理与质量管理文献中,研究者识别出顾客在价值创造中扮演的五种角色:资源、合作创造者、购买者、用户和产品(Nambisan,2002,2009)。前两种角色处于价值创造过程的上游或投入端,后三种角色处于下游或产出端。顾客作为购买者和产品的角色,是将顾客作为客体而非价值创造的合作伙伴,因此与创新的关联性较低。新产品开发相关研究主要关注顾客作为资源、合作创造者和用户三种角色所发挥的作用。Nambisan(2002)在他的研究中强调顾客同时扮演资源、用户和共同创造者三种角色。资源指顾客作为企业创新思想的源泉,共同创造者指顾客参与企业产品的设计和开发,用户指顾客参与企业产品测试和产品支持。Oberg(2010)认为顾客在不同的产品创新阶段角色有所变化,有信息提供者、共同开发者、启发者等不同角色介入。Sigala(2012)指出,在利用 Web 2.0 进行新服务开发时,顾客扮演三个主要的角色:一是识别和评估机会和新思想的智谋;二是设计和改进新服务的共创者;三是支持新服务采纳和商业化的共同营销者。

实践中,企业会不同程度地利用顾客作为这三种角色的价值,这就涉及顾客参与程度的问题。根据 Ives & Olson(1984),顾客参与程度指用户对最终产品的影响程度,他们将用户参与程度分为五类:没有参与,即用户不情愿或没被邀请参与;象征性参与,即用户被请求投入但不受重视;建议式参与,即通过访谈或问卷调查提供建议;弱控制性参与,即用户在产品开发每个阶段都有签收责任;干中参与,即用户是设计团队成员。Lagrosen(2005)经过研究分析认为顾客参与活动有三个水平:交易关系、变量关系和整合关系,参与水平随不同情境而不同。Saden(2007)在 Ives & Olson(1984)的基础上,提出了企业-顾客合作程度的连续谱(如图 2-1 所示)。

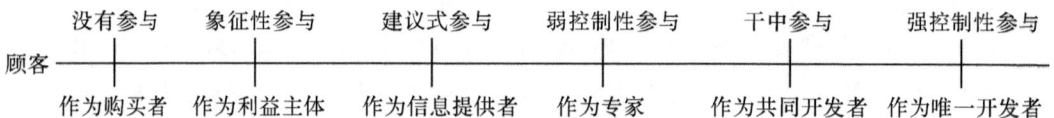

图 2-1 企业-顾客合作程度连续谱

资料来源:Saden(2007)。

综上所述,从顾客参与程度来看,有被动参与、主动参与、互动(协作)参与。互动参与是近年来学者们渐趋一致的观点,强调顾客参与是企业与顾客的互动过程。

2.顾客参与新产品开发阶段的研究

一些学者从新产品开发阶段的视角剖析顾客参与新产品开发。Kaulio

(1998)提出顾客参与新产品开发的阶段包括规则制定、概念开发、详细设计、原型设计以及最终产品。顾客主要参与的是规则制定、概念开发和原型设计。在详细设计和最终产品阶段顾客参与较少。Gruner & Homburg(2000)将其分为创意形成、产品概念开发、项目定义、设计、原型测试和市场投放六个阶段,并且通过研究发现新产品开发不同阶段的顾客互动强度对新产品开发成功有不同的影响,前期和后期阶段的顾客互动能增加新产品开发成功率,中期阶段的顾客互动对新产品绩效没有影响。Alam(2002)研究发现新服务开发创意产生和筛选阶段的服务提供商—顾客互动强度应高于其他阶段,强调了新产品开发早期阶段顾客互动的重要性。Alam(2006)进一步研究了新服务开发早期阶段的顾客互动,认为顾客互动可以消除新服务开发模糊前端的"模糊性"。Ritter & Walter(2003)将顾客参与新产品开发分为构思、产品研发、标准的建立以及标准的测试四个阶段。Filieri(2013)以意大利一家食品企业为例,研究了新产品开发模糊前端的顾客参与,结果表明在新产品开发的早期阶段,顾客能自由提供有价值的、原创的、新颖的和切实可行的创意,这些创意能引发产品、服务以及工艺的创新。王琳和魏江(2009)研究了顾客互动程度与创新绩效的关系及顾客互动程度在创新过程中体现出的阶段性差异。

3. 参与新产品开发的顾客特征研究

当前许多研究都认为所有的顾客都能成为新产品开发有用的贡献者。例如,Nambisan(2002)识别了新服务开发中顾客做出贡献的三种角色:资源、共同创造者和用户,认为所有的用户都能在新服务开发中做出贡献,只是扮演的角色不同而已。Kristensson et al.(2004)考察了不同类型顾客参与对提供新产品创意的作用,发现相比于专业开发者,普通用户能创造明显更具独创性和有价值的思想,而专业开发者和高级用户能创造更可靠的思想。Sigala(2012)也证实了在线社交网络所有成员承担不同的角色并为新服务开发做出贡献,但她也强调了其中的局限性,即在线社区成员的贡献和见解可能对于当前和潜在顾客而言并不具有代表性。

然而,也有不少学者提倡只有与某类顾客互动并让其参与新产品开发才能最终导致产品开发成功,比如 von Hippel(1986)最先提出领先用户的概念,并将其界定为能提前察觉到新的市场需求,且从该需求的满足中获取收益的顾客。由于领先顾客掌握着丰富的产品(服务)创新知识,对市场上的潜在需求较为了解,能经常为满足自身需求而向企业提供有价值的产品(服务)设想与原型设计,因而在创新早期发挥重要作用(Morrison et al.,2004;Ornetzedera & Rohracherb,2006)。王永贵(2011)也指出,领先用户是对企业最有价值的顾客群,他们具有把握市场的前沿趋势和较高的期望收益这两个关键特征,因而较普通顾客表现出更强的创造性,大多数创新都集中在他们身上。Gruner & Homburg(2000)将参与的顾客根据其特征分为四类:技术吸引型、财务吸引型、关系亲密型和领先用户型,研究发现,财务吸引型、关系亲密型和领先用户型顾客对新产品成功有正向影响,而技术吸引型顾客对新产品成功有负向影响。可能的解释是技术吸引型顾客的需求与大众市场需求有差异,从而与他们互动会误导企业创新。陈力和宣国良(2007)将顾客分为领先顾客和典型顾客,并且研究发现并不是所有的顾客知识都能促进新产品开发,它受到市场环境的动态性、企业所研发新产品的技术成熟度等条件的影响,企业应该在不同的条件下选择恰当的顾客进行知识整合。Carbonell et al.(2011)指出,影响顾客参与新服务开发结果的一个重要方面是选择合适的参与顾客。他们研究了两种顾客特征——关系亲密性和领先用户性对新服务绩效的影响,其中关系亲密性指的是在各个产品开发项目之外的互动程度以及商业关系的持久度。结果显示,亲密顾客参与新服务开发过程对服务优势和市场投放速度有直接正向影响,进而导致更高的市场绩效;而对服务新颖性没有影响。另一方面,领先用户参与对服务新颖性和服务优势有正向影响,而对市场绩效有负向影响。曹花蕊(2014)将顾客分为专家型、先锋型、普通型、领袖型,并认为先锋型顾客具有较强创新性,在群体思维水平跨越和发散阶段起到至关重要的影响。

从已有文献来看,不同类型的顾客参与对新产品开发绩效有不同的影响,企业在考虑顾客参与新产品开发时,要有意识地对顾客类型做出选择。

2.1.4 顾客参与对新产品开发绩效的影响

顾客参与对新产品开发绩效的影响受到了国内外学者的重点关注,部分学者曾对顾客参与新产品开发能带来绩效的提升持怀疑态度。Leonard-Barton & Sinha(1993)发现用户参与水平和新产品开发项目的成功并没有一定的关系。Bidault & Cummings(1994),Bruce et al.(1995),Schrader & Gopfert(1998),以及Dolan & Matthews(1993)也有同样的观点。他们发现,由于以下问题的存在,顾客与企业的合作并不总能确保项目的成功:顾客的经验和能力有限,顾客的专业知识有限,顾客参与的时间和程度有限,顾客提供准确知识的意愿,产品测试的提前曝光,不确定或不典型的反馈。一些研究者提出新产品开发过程中用户投入并非是必需的,因为用户的能力有限(Christensen & Bower 1996;Hamel & Prahalad 1994;Leonard-Barton & Sinha 1993;Martin 1995)。顾客参与只会导致模仿的、缺乏想象力的解决方案(Ulwick,2002)。顾客在创意形成过程中所发挥的作用通常只能带来渐进、持续的创新,在突破性创新方面,带来的价值很有限(Christensen,1997;O'Connor,1998)。

但总体而言,学界普遍认同顾客参与对新产品开发的积极作用。Maidique & Ziger(1985)研究发现企业在新产品开发和发布过程中与顾客频繁、深入的互动有利于新产品开发的成功。很多企业将顾客参与视作实现令人满意的产品开发成本-时间曲线的一个方法(Rothwell,1994),大量文献认为顾客参与能减少创新过程中的不确定性,如环境不确定性,新产品开发阶段相关的不确定性以及用户需求的不确定性,进而提升新产品开发绩效(Leonard Barton,1995;Gales & Mansour-Cole,1995;Alam,2006;王琳,2011)。许多理论者和实践者都将顾客参与新产品开发视为新产品成功的必要因素(Makipaa et al.,2005;Fuller et al.,2007;Fang,2008)。Klom & Leeuwen(2006)认为顾客参与创新会导致源于收入增长的更佳的财务绩效。Carbonell(2009)通过实证研究发现,顾客参与对新服务开发的技术质量和创新速度有显著正向影响。还有很多学者也证实了通过合并顾客到新产品开发中,企业能获得许多与新产品成功相关的收益,比如开发满足顾客需求的产品、公共关系的提升、顾客关系的发展、对市场需求更好的理解、更少的市场失败和错误、缩短上市时间、加速新产品开发进程、更高的新产品容忍度、优质和差异化的产品、用户教育,以及创新的快速扩散(Brown & Eisenhardt,1995;Griffin & Page,1996;Gruner & Homburg,2000;von Hippel,2001;Alam,2002;Matthing et al.,2004;Enkel et al.,2005;Lagrosen,2005;汪涛等,2009)。关于 Web 2.0 和顾客参与的文献也主张在线顾客参与新产品开发有类似的预期收益(Pitta & Fowler,2005;Fuller et al.,2008)。Sigala(2012)认为社会化媒体的利用能提供顾客智力的额外收益,因为C2C 对话能使顾客从他们和其他人的服务体验中获得反思。这使得顾客能意识到他们的潜在需求,从而产生、共创并与其他人讨论能有效迎合他们真正需要的新服务创意。

顾客参与对新产品开发绩效影响的研究日益被国内外学者所重点关注,其对新产品开发绩效的直接效应明显,在此基础上,一些学者开始关注两者的间接效应。Fang(2008)指出顾客参与新产品开发的绩效影响机制是一个有意义的研究方向。Bonner(2010)以顾客信息质量为中介变量研究顾客互动对新产品绩效的影响,并考察了产品新颖性和产品嵌入性的调节作用。姚山季和王永贵(2011)考察了关系嵌入在顾客参与和新产品开发绩效之间的中介作用。王琳(2011)以顾客知识整合为中介,考察企业-顾客互动对服务创新绩效的影响机制。卢俊义和王永贵(2011)以知识转移为中介变量研究了顾客参与服务创新和创新绩效的关系。汪涛和郭锐(2010)从关系涉入、知识分享的角度,通过实证研究探讨顾客是通过参与开发企业的研发达到关系涉入,进而打开与企业信息沟通的信任障碍,从而与企业进行知识的充分共享,最后提高新产品开发绩效。

2.1.5 顾客参与新产品开发的研究情境

梳理现有文献可以发现,现有关于顾客参与新产品开发的研究基于两类情境,一类是传统的线下实体环境中的顾客参与,另一类是基于互联网和信息技术的在线参与。

1.传统的线下参与情境

大量文献和企业管理实践都主张顾客参与新产品开发的重要性,已有研究大多基于线下参与情境。然而,正如 Wayland & Cole(1997)所指出的,在早期的研究中,在大多数行业,顾客在新产品开发过程中仍然扮演着很有限和极其被动的角色。传统情境下顾客参与新产品开发的研究大多基于信息处理视角,将顾客参与仅仅视为将信息从它所在的地方(顾客)转移到需要它的地方(企业)。信息处理过程的逻辑在于一种信息不对称关系,这一点 Thomke & Hippel(2002)尤为强调,他们认为产品开发过程之所以困难是因为需求信息存在于顾客身上,而解决方案信息(如何满足顾客需求)存在于制造商身上。隐含的假定是减少新产品或服务开发过程相关的不确定性所需的信息存在并被顾客占有,而新产品或服务开发只是找到所需的信息在哪里,以及使用语言将它所在之处传播到它应该在的地方的问题。因此,传统情境下的顾客参与研究大多从单向参与企业创新的视角出发,将顾客仅仅视为企业创新活动中的信息提供者,主要关注企业如何获取顾客信息以提升创新绩效,低估了顾客的"合作创造者"角色(Ramaswamy,2004)。因此,仅仅顾客导向是不够的,需要与顾客持续合作和共同学习以对个性化和动态的需求做出响应(Matthing et al.,2004),

与顾客建立亲密和信任的关系以提高顾客的感知价值。因此,企业需要使用比简单的信息处理方法更为丰富的互动和沟通过程(Sigala,2012)。

Wayland & Cole(1997)指出,在传统的线下参与情境中,最大的局限性在于企业与顾客的"连通性"太弱,顾客参与新产品开发需要太多的沟通,其成本太高。传统情境下支持顾客参与新产品开发的方法,主要有市场调研、直接访谈、焦点群体、问卷调查等(Hoyer et al. 2010;Dahlsten,2004)。企业主要集中精力于满足顾客已表达的需求,获取顾客对现有产品或服务的理解(Dahlsten,2004)。卡诺模型经常被用于新产品开发中识别顾客需求(Matzler & Hinterhuber,1998),该模型认为,顾客对产品和服务属性的期望可分为三类:基本要素、性能要素、兴奋要素,最终决定产品竞争力的往往是兴奋要素(Kano et al.,1984)。而对于兴奋要素,顾客在接触它们之前是不知道的,所以当被询问时,顾客不能明确表达它们。顾客明确表达出来的需求只是冰山一角。新产品或产品的功能常常不在顾客的意料之中,因为它们涉及一些无意识的、潜在的需求,但它们给人带来的利益能创造纯粹的兴奋。产品兴奋要素能创造很高的额外价值并强有力地影响顾客偏好。然而,用传统的市场研究工具是很难识别它们的(Fuller & Matzler,2007)。Harari(1994)指出,传统方法只能带来产品的微小改变,而无法形成创新思维和突破性进展。这些方法无法获取合适的顾客。

因为这些方法专注于询问和收集顾客理性的和有意识的需求,而非促使顾客识别有关他们的情感和真正需求的更深的决定因素(Hoyer et al.,2010)。传统的方法严重限制了顾客创意贡献的能动性与丰富度,也难以给顾客生动、直观的互动体验经历,企业难以获取、识别、理解和满足顾客潜在的需求(Matthing et al.,2004)。询问顾客想要什么时顾客只会提及那些出现在脑海中的东西,他们简直无法想象他们从未经历或体验过的事情,如新的技术、材料(Christensen,1997;Ulwick,2002)。Lundkvist & Yakhlef(2004)指出,传统的方法不能揭示顾客需求的真正决定因素,因为顾客对他们的潜在需求及其决定因素是无意识的,他们发现在跟他们有关联的社会背景所不同的背景下很难表达出来。传统的支持顾客参与新产品开发技术易导致渐进性创新而非突破性创新,因为让顾客想象他们从未体验过的事情是有困难的,也很难给出反馈(Matthing et al.,2004)。正如 Lundkvist & Yakhlef(2004)所指出的,隐性、黏性的知识和洞察力很难从产生它的社会背景中分离出来,需要更深入的双向互动和沟通过程。Sigala(2012)研究也发现,创意并非预先存在,而是在企业与顾

客互动、对话过程中产生的。企业-顾客合作创新的本质是互动(Prahalad &
Ramaswamy,2000)。在传统环境下,企业虽然也能与顾客互动,但只有一小部
分员工能与顾客同时互动。另外,企业也能与个人顾客交流并为他们提供产
品。然而,这些只能在有限的基础上实现(Sigala,2012)。

2.基于互联网和信息技术的在线参与情境

Sawhney & Prandelli(2000)指出,新技术改变了一切。新技术能以经济有
效的方式大大提高企业与顾客之间的"连通"性,支持新的产品开发模式,使顾
客成为创新的合作伙伴。互联网的普及大大提高了企业吸纳顾客参与产品创
新过程的能力(Dahan & Hauser,2002)。Nambisan(2002)认为,信息通信技术
的快速发展为顾客深入参与企业产品开发提供了强大的技术基础设施,使得企
业-顾客关系发生了突破性的转变,这一转变在新产品开发中也得到了重要应
用。顾客不仅可以为企业提供新产品创意,而且与企业共同创造新思想、测试
终端产品、提供最终用户支持。新技术使得新产品开发从"企业利用顾客知识"
的视角向"与顾客共同创造知识"的视角转变(Sawhney & Prandelli,2000)。在
线沟通最大的优势是低成本和高效率(Mahr et al. ,2014)。Dahan & Hauser
(2002)认为信息通信技术可以快速、经济地将顾客合并入产品开发系统,特别
是提高了双方在沟通、概念设计和实施方面的能力。互联网使得企业可以在无
边界的范围内与顾客进行高水平和个人化的互动。Web 2.0 使得新产品开发
民主化(von Hippel,2005)。Blazevic & Lievens(2008)指出,网络互动渠道帮
助企业与顾客进行持续的对话,从中获得相互理解。在线环境下,顾客的作用
已经发生了变化,从孤立到联系,从无意到有意,从被动到主动(Prahalad &
Ramaswamy,2004)。

存传统环境下,顾客在绝大部分新产品开发过程中所发挥的作用是十分有
限而且被动的,最多只是产品的测试者和使用者。其中一个重要的原因就是顾客
与企业(特别是与新产品开发人员)之间缺乏有效的沟通途径和工具。而在网络
环境下,顾客在新产品开发过程中将发挥更大的作用。运用先进的网络通信工
具,企业与顾客可以进行实时沟通,真正实现了企业与顾客间的关系转变,从"企
业利用消费者知识"转向"企业与消费者共同创造知识"(Sigala,2012)。从产品介
绍、FAQ、留言板、网上调查等单向信息传递模式,到电子邮件、网上社区、虚拟实
验室、即时通信以及社交网络(SNS)等双向交互模式,顾客在线参与企业新产品
开发的途径日趋丰富,参与的广度、深度、效率和灵活性也大大提高。除了正式沟

通以外,更重要的是创造非正式沟通的条件,如开通在线论坛、顾客社区等,顾客对新产品有新想法或灵感时可以及时进行沟通反馈。企业产品研发团队通过多种渠道保持与顾客积极有效的互动,及时收集、整理顾客提供的反馈意见。由于在线消费群体拥有大量与产品相关的消费知识、市场信息和技术诀窍,对企业新产品开发具有重要价值。网络虚拟社区也因此成为企业及时、高效、低成本地识别、捕获创新知识和信息的重要渠道(Fuller et al.,2006;Chu & Chan,2009)。通过吸纳顾客在线参与企业新产品开发活动,也已成为提升新产品开发绩效的重要手段(Dennis & Fowler,2005;Fuller et al.,2008)。

在线互动的诸多特性,如匿名性、体验性、虚拟性、间接性等都会带给人们特殊的心理效用。例如,在线互动中人们可以隐藏真实身份,从而摆脱现实社会的道德、规制以及群体行为的约束,随心所欲地表达自己的观点,扮演在现实社会中难以扮演或不能扮演的角色。以信息技术为支撑的虚拟对话的交流方式也已成为支持隐性知识交流并促进隐性知识传播和共享的有效手段(林筠和杨雪,2006)。Sigala(2012)指出 Web 2.0 在基于其新服务开发中起到以下作用:一个用于合作、互动和开发顾客智力的平台;激励创意形成集体讨论会的工具;收集、分类、观察和分析用于执行环境扫描和评估的用户生成内容的工具。通过将 Web 2.0 用于与顾客互动和合作以共同开发新服务,可以使组织文化从"为顾客而设计"向"与顾客共同设计"和"由顾客设计"转变。Web 2.0 使得新产品开发民主化(von Hippel,2005),因为技术促进使顾客能参与新产品开发的数量和方式持续增长(Johnson,2010)。表 2-2 列出了实体环境和虚拟环境中顾客合作创新的关键区别。

表 2-2　实体环境和虚拟环境中顾客合作创新的关键区别

研究情境	传统的视角:顾客参与实体环境	共创的视角:顾客参与虚拟环境
创新视角	以企业为中心	以顾客为中心
顾客的角色	被动——顾客的声音是创造和测试产品的一种投入	主动——顾客是创新过程中的合作伙伴
互动方向	单向——企业对顾客	双向——与顾客对话
互动强度	斑点式——基于偶然的	持续式——来回对话
互动的丰富性	聚焦个体知识	聚焦社会化和体验的知识
受众的规模和范围	与现有顾客直接互动	与预期的和潜在的顾客直接或间接互动

资料来源:根据 Sawhney(2005)文献整理。

2.2 顾客在线参与新产品开发研究综述

近年来,在线情境下的顾客参与新产品开发得到了学者们的广泛研究和关注,接下来将针对顾客在线参与新产品开发进行文献综述。

2.2.1 顾客在线参与新产品开发的动机

目前,国外学者已从社会学、心理学、个体行为学、市场营销、组织行为、战略管理等不同学科视角,对顾客在线参与动机进行了广泛探索。Lakhani & Hippel(2003)、Fuller et al.(2006)、Oreg & Nov(2008)等学者,分别从内部动机或外部动机角度,对顾客在线参与动机进行了论述(见表 2-3)。其中内部动机是与心理相关的动机,主要包括基于个体的本质动机和基于社区的内部动机;外部动机是与环境相关的动机,主要包括未来回报和独特需求。

表 2-3 顾客在线参与新产品开发的动机研究

顾客在线参与新产品开发的主要动机			研究者
内部动机	基于个体的本质动机	内在的兴趣和挑战的欲望,或对某项工作的胜任感、满足感和成就感	Hars & Ou(2002),Lakhani & Hippel(2003),Lakhani & Wolf(2005),Fuller et al.(2006)
	基于社区的内部动机	对社区的支持	Nambisan(2002),Hars & Ou(2002),Lakhani & Hippel(2003)
		利他主义	Hars & Ou(2002),Lakhani & Hippel(2003)
		互惠行为	Hall & Graham(2004),Chu & Chan(2009)
		网络沉浸动机	Hoffman & Novak(1996),Nambisan(2002)
外部动机	未来回报	金钱激励	Hemetsberger & Pieters(2001),Fuller et al.(2006)
		人力资本的提升	Hemetsberger & Pieters(2001),Fuller et al.(2006,2007)
		他人认同	Hemetsberger & Pieters(2001),Jeppesen & Frederiksen(2006),Oreg & Nov(2008)
		自我营销	Fuller et al.(2006),Oreg & Nov(2008)
	独特需求	满足个人对产品的特定需求	Hars & Ou(2002),Franke & Hippel(2003),Lakhani & Hippel(2003),Wu et al.(2007)

资料来源:根据相关文献整理。

1. 内部动机

(1)基于个体的本质动机。这是一种与生俱来的动机,主要指个体内在的兴趣和挑战的欲望,或对某项工作的胜任感、满足感和成就感。在没有利益回报的前提下,顾客在线参与新产品开发在很大程度上源于其内部动机(Jeppesen & Frederiksen,2006)。Hars & Ou(2002)的研究表明,完成编程的胜任感、满足感和成就感等,是顾客在线参与 Linux 操作系统开源软件开发的重要动机;Lakhani & Hippel(2003)指出,在 Apache 软件支持社区中,享受工作本身的乐趣是顾客在线参与软件开发的主要动机;Lakhani & Wolf(2006)的研究发现,在软件开发过程中感受到的创造性和愉悦感,是顾客参与开源软件开发最强烈和最有说服力的驱动力;Fuller et al.(2006)对制造业的研究也表明,对创新活动的内在兴趣和好奇心,是顾客乐意在线参与更多由制造商发起的新产品开发活动的最重要动机。

(2)基于社区的内部动机。指的是顾客作为社区成员对社区的责任感和归属感,主要表现为对社区的支持、利他主义、互惠行为和网络沉浸动机等。对社区的支持即顾客作为虚拟社区成员,认为社区的目标和利益与自身是一致的,应通过积极参与社区创新活动支持社区并为社区发展做贡献(Nambisan,2002;Lakhani & Hippel,2003;Hars & Ou,2002)。利他主义是一种愿意帮助他人的想法,其对顾客在线参与新产品开发活动的积极推动作用,已在 Linux 开源软件开发社区、Apache 软件支持社区等得到验证(Lakhani & Hippel,2003;Hars & Ou,2002)。互惠行为指社区成员在帮助他人的同时,也希望能得到他人的帮助,从而使双方都能受益(Chu & Chan,2009)。Hall & Graham(2004)对雅虎 e-group 成员知识分享行为的研究也表明,希望能报答其他成员给予的帮助是成员们参与 e-group 的主要动机。网络沉浸动机指顾客通过完全投入到虚拟社区新产品开发情境中(即进入沉浸状态)而获得最佳体验,它带来的内在满足感能使顾客在参与活动中满怀兴趣、忘记疲劳、不停探索,不断达到新的目标(Hoffman & Novak,1996)。Nambisan(2002)同时指出,顾客通过在线环境交互和探索有关新产品开发的知识而获得积极的顾客体验,这种体验非常令人满足且会导致更强烈的顾客参与。

2. 外部动机

(1)未来回报。指的是顾客预期将来可能获得的收益和奖赏,包括金钱激励、人力资本的提升、他人认同和自我营销。金钱激励即顾客从参与新产品开发中获得直接的货币回报;人力资本的提升即顾客通过虚拟社区提供的新交往环境和空间,从参与活动中获取知识、信息并提升自身技能和价值;他人认同即得到其他顾客和企业的认同和尊重,为自己建立声誉;自我营销即顾客通过公开自己的创新成果,向更多人证明自己的创新能力,以获得更多的未来发展机会。Hemetsberger & Pieters(2001)指出,获得经济利益、职业前景、知识和声望等产品相关收益和长期自我利益,是顾客在线参与新产品开发的重要外部动机;Fuller et al.(2006)将金钱激励、显示创意和获取知识作为顾客在线参与的重要动机;Jeppesen & Frederiksen(2006)对 Propellerhead Software 公司建立的在线顾客社区的案例研究显示,"得到企业的认同"是激励顾客在线参与的重要因素;Fuller et al.(2007)对在线篮球社区中篮球鞋开发活动的研究表明,发现志同道合的伙伴及获取新产品的相关知识和信息,是顾客在线参与的主要原因之一;Oreg & Nov(2008)将建立声誉、自我发展、利他主义视为顾客在线参与的主要动机。

(2)独特需求。指的是顾客为满足个人对产品的特定需求而在线参与新产品开发。在消费经济时代,顾客的需求差异正变得越来越大。但由于市场不确定性、大规模生产的风险性、市场调查的局限性等原因,企业往往很难完全满足顾客对产品的独特需求,并由此引发顾客在线参与新产品开发的动机。Franke & Hippel(2003)、Lakhani & Hippel(2003)对 Apache 软件支持社区的研究发现,通过改进软件来满足自身的独特需求,是那些具有较大需求异质性的顾客自愿参与开源软件开发的重要动机;Hars & Ou(2002)对 Linux 开源软件社区的研究显示,满足个人对软件的特殊需求,是影响顾客在线参与和持续意愿的重要因素。

2.2.2 顾客在线参与新产品开发的方式

顾客在线参与新产品开发的方式,即如何通过网络虚拟方式,将顾客融入企业新产品开发过程中。一些学者分析了顾客在线参与新产品开发的途径或方式。Blazevic & Lievens(2008)提出了顾客在线参与企业新产品开发的三种互动渠道:自我服务技术、主动提供反馈、虚拟顾客社区,并认为顾客在知识共创过程中扮演三种角色:被动的使用者、积极的告知者和双向的创造者。Nambisan(2002)提出要创造虚拟顾客环境,他认为企业可以提供在线论坛、虚拟设计工具箱、原型制造中心等服务,建立可以吸纳各种角色的顾客参与的分布式创新模式,并引导顾客在新产品开发各阶段担任不同的角色,企业可以在与顾客持续的对话中挖掘顾客知识。Sawhney(2005)阐述了顾客在线参与的方式,并根据合作性质和新产品开发阶段两个维度将其分为四类,并列举了每一类可能的参与途径或方式(见图2-2)。国内学者王莉等(2007)认为依据客户在产品开发中参与程度由浅到深的层次,可以大致将客户参与平台各功能模块分为产品介绍、常见问题解答、留言板和E-mail、网上调查、网上社区、定制、客户设计、虚拟实验室等。

前端(创意和概念)　后端(产品设计和测试)

深度 合作/高丰富性	意见箱 建议渠道 虚拟社区 网络创意集市	用户创新工具箱 开源机制 网络专利市场
广度 /高延伸度	在线调查 市场知识服务 网络联合分析 监听技术	产品的大规模定制 基于网络的原型测试 虚拟产品测试 虚拟市场测试

图 2-2　基于互联网的合作机制在新产品开发各阶段的应用

资料来源:根据 Sawhney(2005)文献整理。

综合国内外学者的研究,目前顾客在线参与新产品开发的方式主要有以下四类。

1.用户生成内容(User generated content,UGC)

Web 2.0 使得顾客参与新产品开发各个阶段的可能性大增。一些研究阐述了如何利用 Web 2.0 的两大特征,即社会智力或用户生成内容(UGC)和社交网络,来促进顾客参与新产品开发。还有一些研究强调了需要识别和利用 UGC 来执行快速可靠的市场研究,识别顾客需求、关于产品和流程的改进建议,以及降低新产品开发的风险(Evans & Wolf,2005;Sigala,2011)。Andreassen(2009)研究了倾听电子口碑对服务创新的影响,认为监听顾客在相关论坛中的持续对话能在三个方面帮助企业改进服务创新绩效。理论研究和企业实践都表明,在虚拟社区中,通过后台查看用户浏览和使用网站的行为,可以洞察用户的偏好和需求。Della Corte et al.(2015)也指出,企业可以在顾客利用在线社区表达的意见和评论的基础上,开发和实施创新的想法。

由此可见,UGC 对于企业新产品开发是有价值的,但也有学者认为利用UGC 并没有使顾客真正参与到产品价值创造过程中,如 Sigala(2012)通过对希腊旅游业的研究发现,企业通过观察顾客在虚拟社区中贡献的评论并对其做出反应,他认为他们对 Web 2.0 的利用可以描述为一种对顾客偏好和需求的反应型方式,因为顾客是感知不到的,或者不是作为积极的合作者,相反,他们只是被动地被企业利用,通过使用他们的用户生成内容,这种低水平的 Web 2.0利用主要受竞争压力驱动。Dahan & Hauser(2002)也指出,企业仅仅通过网页上的基本工具来洞察用户潜在需求,顾客并没有真正参与到创造产品价值的过程中。因此,用户生成内容的利用基本停留在企业单向利用顾客信息上。

2.基于社区的创新

虚拟社区(如论坛、博客、微博、QQ 群等)是顾客在线参与新产品开发的重要途径,针对虚拟社区中的顾客参与已有较多的研究成果。社区可以被定义为这样一个组织:它包含多样化背景和偏好的个体,通过他们的相互作用产生新鲜的和互补的资源、知识和能力(Bossink,2002;Oliver & Ebers,1998)。

在基于社区的创新中,开源软件社区获得国外学者的广泛关注,von Hippel & Krogh(2003)认为开放式软件项目(open source software,OSS)是一种将发挥个人才能和整合集体智慧有机结合的创新形式。其他许多学者提出了虚拟顾客社区在新产品开发中的积极作用,企业可利用与顾客有积极合作和互动的在线社会社区来产生和评价新思想、设计和测试新产品(Dahan & Hauser,2002;Lagrosen,2005;Rowley et al.,2007;Fuller et al.,2008);开发能创造和维持企业与顾客联结的社区(Dahan & Hauser,2002;Nambisan,2002);培育社区创新(Johnson,2010;Sigala,2012)。Erat et al.(2006)讨论了在线实践社区被用于获取和分享顾客知识以改进企业流程和绩效。Pitta & Fowler(2005)也考察了在新服务开发的创意产生和扫描、服务导航、产品设计、传递偏好和价格测试等阶段,实践社区在识别、接近和利用领先用户方面的作用和收益。他们特别指出领先用户参与在线社区是非常有益的,因为领先用户在同伴中拥有很高的可信度,他们对其他在线用户的购买习惯有重要影响。Ebner et al.(2008)和 Tidd et al.(2005)证实了虚拟社区在新服务开发创意产生过程中的应用,如环境扫描和搜寻、创意形成以及创意评价和选择。实践社区对新服务开发团队绩效有显著影响,因为它允许参与者识别合适的人并与他们沟通;消除组织结构障碍,避免不同时区阻碍成员合作;采用高效的沟通渠道;参与有效的知识管理(如对专门知识、信息的存储和检索);促进学习以及增加信任。Franz & Wolkinger(2003)研究了通过虚拟社区将顾客整合进新产品开发过程。Rowley(2007)等以风筝社区为例研究顾客社区中的共创。总之,在线社区能在创造、激励、形成和扩散新产品开发活动和思想方面做出显著的贡献(Meeuwesen & Berends,2007)。利用在线社区产生和评价新思想被称为"众包",它拓宽了企业的思维(Chesbrough,2003)。

Fuller et al.(2004)提出了"基于社区的创新"方法,并在奥迪公司信息娱乐系统开发案例中得到有效应用。该方法由以下四个步骤组成:第一步是确定用户指标,即为支持企业新产品开发,顾客需具备哪些属性;第二步是社区识别,即确定符合用户指标的顾客最可能在哪个网络虚拟社区中被找到;第三步是设计虚拟互动,即在考虑特定的开发任务与所选社区个性的前提下,有效地设计与目标社区成员之间的互动;第四步是用户访问和参与,即与社区成员取得联系并鼓励他们积极参与合作开发(Fuller et al.,2004)。因此,通过网络虚拟社区将顾客有效融入新产品开发过程的关键,主要在于如何识别和访问在线社区及如何与其成员进行高效互动。Fuller et al.(2006)、Chu & Chan(2009)、Chan(2010)等还分析了基于社区的创新的三阶段模型:第一阶段为创意生成和概念化阶段,该阶段参与人数最多,他们主要提供各种创意来源;第二阶段是设计开发阶段,该阶段参与人数有所减少,他们主要充当共同创造者;第三阶段为测试和投放阶段,该阶段参与人数进一步减少,他们主要充当产品的最终用户和购买者。此外,基于互联网的创意竞赛是激发客户参与企业产品研发过程的有效途径(Piller & Walcher,2006;Gangi & Wasko,2009)。

3. 虚拟产品体验

还有一些研究考察了利用虚拟实验室将顾客整合到新产品开发过程中,随着信息技术的发展,虚拟现实技术和 3D 模拟软件在新产品的设计、仿真及测试中广泛应用。企业可以应用产品虚拟原型将顾客参与整合在新产品开发过程中,如此一来,远在新产品设计完成之前,顾客就可以在高仿真的虚拟环境下体验产品,并参与到产品创新中去,企业也可以低成本地根据用户的需求与建议对产品设计进行改进(于立华,2010)。实践中,国外不少企业已有相关应用,比如耐克、宝马、奥迪等企业都有相关产品的虚拟实验室,而国内企业相对滞后。

Kohler et al.(2009)考察了利用 3D 语言(如 secondlife.com)使顾客参与到服务原型的设计和测试中。Kim et al.(2008)识别了企业可以通过 3D 语言来开发的三种新服务:沉浸式原型设计用以评估空间、产品、服务提供和传递的设计;沉浸式事件模拟用以模拟现实生活中的时间,来研究人们的反应和行为;沉浸式商务用以增加现实生活中的商业活动。在新产品开发的早期阶段,3D 模型就放置于一个现实使用场景中,如实展示未来产品的图像,它使顾客能在创新产品出来之前就能虚拟体验,学习新产品如何运行,并发现新产品能给自己带来的收益(von Hippel & Katz,2002)。Fuller(2007)以奥迪公司为例研究顾客如何参与虚拟产品体验,认为通过这种"干中学"的体验,与顾客建立了合理的判断、产生新想法并提出附加要求,这些对于创新团队都是很有价值的。Ramaswamy(2008)对耐克公司顾客在线参与新产品开发的 DART 模式的案例研究显示,通过与苹果公司合作建立以顾客体验为中心的 Nike+平台,耐克公司有效实现了顾客(跑步者)、顾客群体(跑步者团队,跑步俱乐部)和组织(耐克和苹果公司)之间的高质量互动和价值共创,并从中获取新的竞争优势。

顾客通常无法想象那些从未了解、体验过的产品或概念,而在虚拟现实技术支撑下,顾客可以在高仿真的环境中虚拟体验产品,直观地了解产品的功能、属性、设计特点等,并可以通过虚拟控件感受逼真的视听效果与功能体验,激发他们的感知与想象力,并与自身需求相结合,从而明确自身哪些需求已经得到满足、哪些需求未被开发尚待满足。企业则可以通过一方面收集整理顾客明示的反馈意见,另一方面可观察他们的动作、表情和反应来确认他们的真实需求。由于虚拟产品体验具有"虚拟性、交互性、情感性、个性化"等特点,兼具娱乐性,强调顾客参与,还可以增强顾客的社会临场感和产品感知度,提高感知诊断和沉浸,并得到某种程度的心理满足和愉悦(于立华,2010)。这种方式有利于顾客积极投入到产品信息提供、新产品评价等活动中,促使顾客积极主动地参与新产品开发,有意无意地贡献自己的时间、精力、知识与情绪付出(Matthing et al.,2004;Lundkvist & Yakhlef,2004;Fuller,2007)。

4. 顾客创新工具箱

von Hippel et al. (2001,2002)提出了"顾客创新工具箱"概念,并将其定义为顾客参与新产品开发的一种平台,它主要通过计算机软件来实现。von Hippel(1988)指出,用户创新适用于工业产品和流程的创新。而如今,用户创新已经延伸到了 B2C 领域。许多公司提供被称为"产品生成器"的工具箱,使消费者获得大规模定制的标准产品。例如,DELL 的用户就可以通过 DELL 网站,选择自己喜欢的计算机部件,定制最符合自身需求的计算机。

Jeppesen(2005)认为在企业新产品开发过程中,顾客创新工具箱将特定的开发任务转移给顾客,允许他们创造自己期望的产品特征。互联网时代,顾客创新工具箱已成为顾客在线参与新产品开发的有效模式之一。企业可借助网络平台将工具箱转交给顾客,顾客在使用工具箱过程中出现的问题也可及时通过网络和企业交流。Franke & Hippel(2003)对 Apache 安全软件的案例研究发现,顾客创新工具箱为顾客提供了在线创造定制化和改进软件的机会,从而大大提高顾客满意度,并使 Apache 成为一项非常成功的开源服务器软件产品。Franke & Piller(2004)分析了使用创新工具箱进行手表设计的案例,结果发现顾客参与设计的手表的市场价值平均增加了一倍,顾客对这些自我设计的手表的支付意愿也大大增加。创新工具箱还在全球香料供应商 BBA 公司的香料开发、GE 的塑料产品开发,以及电脑游戏、T-shirt、运动鞋等顾客在线参与的新产品开发领域得到广泛使用,并为企业带来了巨大的附加价值(Jeppesen,2005;Thomke & Hippel,2002)。von Hippel & Katz(2002)也提出为顾客提供创新工具箱,企业能减少识别需求相关的信息所需要的成本。

总体而言,用户生成内容和基于社区的创新目前应用较为广泛,许多企业通过网站、论坛、微博、QQ 等建立顾客社区、品牌社区、顾客群等来吸纳顾客在线参与,或直接通过社交媒体工具与顾客开展频繁的交流互动,而虚拟产品体验、顾客创新工具箱在国外企业中已有一定的应用,国内无论在企业实践还是在理论研究中都相对滞后。

2.2.3 顾客在线参与对新产品开发绩效的影响

顾客在线参与对新产品开发绩效的影响获得了多数学者的认可,也有学者提出了顾客在线参与新产品开发带来的风险问题。

概括而言,其积极影响主要体现在两个方面:①提高企业新产品开发效率。

Dennis & Fowler(2005)、Sawhney et al. (2005)等指出,网络虚拟环境为企业吸引更多的顾客参与新产品设计和开发工作,推动顾客积极为企业贡献知识和技能,并降低企业顾客信息获取和处理等开发成本,创造了十分便利的条件。且与传统的顾客实体性参与方式相比,在线参与可以实现顾客之间、顾客与企业之间的实时交互而不受时间、空间约束,从而进一步提高顾客参与的速度、频率和持续性,加快新产品开发进程,提高企业新产品开发效率。Fuller et al. (2006)的案例研究显示,顾客在网络虚拟社区中提供问题解决方案的详细程度和质量是显而易见的,这些方案在市场潜力、新颖程度和技术可行性等方面均有较大价值,部分顾客的思路和建议对企业研发和销售部门来说甚至是全新的。Chan(2010)的实证研究表明,在新产品开发的各个阶段,顾客在线参与对新产品的市场投放速度均有显著的正向影响。②增强顾客满意度和忠诚度。Franke & Shah(2003)的研究发现,在线参与企业新产品开发的顾客的总体满意度要明显高于其他顾客。Franke & Hippel(2003)对创新顾客和非创新顾客进行比较分析,结果发现参与过新产品设计和完善的创新顾客的满意水平,要明显高于非创新顾客;且创新顾客的参与活动还会使那些非创新顾客受益。Shang et al. (2006)将顾客参与分为主动参与和被动参与两类,通过对 Frostplace 虚拟社区中苹果电脑用户的网上调查,分析了顾客在线参与对品牌忠诚度的影响,结果表明顾客主动和被动参与均对品牌忠诚度有显著正向影响。Casalā et al. (2007)以若干个开源软件社区为样本进行实证研究,用刺激社区的努力、与社区其他成员互动的动机、为帮助社区其他成员而提供解决方案的价值、在社区中发布消息和回应的积极性四个指标来测量顾客在线参与,验证了顾客在线参与对顾客信任和品牌忠诚的显著正向影响。

顾客在线参与新产品开发所带来的风险问题或负面影响研究,主要体现在以下五个方面:一是向顾客泄露的信息可能被竞争对手获得,特别是一些涉及知识产权保护问题的关键信息,以及需要保密或通过大量资源投入和额外努力才获得的重要信息(Fuller et al. ,2006;Prahalad & Ramaswamy,2004);二是并非所有顾客都愿意免费贡献他们的技能和劳动,部分顾客甚至会要求拥有相应的知识产权,从而增加企业新产品开发成本,甚至可能引发法律纠纷问题(Hoyer et al. ,2010);三是可能会导致信息过载问题,尤其在创意概念阶段,过量的顾客信息涌入会大大增加企业浏览筛选的工作量,甚至成为一种负担(Hoyer et al. ,2010);四是顾客提供的许多创意、思想或解决方案,从企业生产角度来看并不一定可行,对新产品开发的作用较为有限(Jeppesen,2005;Hoyer et al.,2010);五是企业为支持顾客在线参与而额外增加的各种资源投入等成本,有时甚至会高于所获得的收益(Jeppesen,2005)。

2.3 知识共创研究综述

2.3.1 组织间合作知识创造研究

21世纪以来,随着知识资源愈加多元化和专业化,以及开放式创新理念的诞生,单一企业很难拥有开发新产品所需的全部知识和能力,跨越传统组织边界的合作知识创造逐渐成为研究的热点。知识创造由原来的单独在企业内部进行转向企业间合作及网络,转向人类互动过程中的知识创造,由单独创造演变为共同创造(Jakubik,2008)。知识创造效果不再单单由企业自身的知识能力所决定的,更取决于企业网络知识资源及其整合状况。

Holmqvist(1999)提出了战略联盟型知识创造过程。他认为组织间知识是通过2个知识库和8个知识转换过程创造的。Grant & Baden-Fuller(2000)提供了企业间合作创造的知识基础理论。Fong(2003)针对多学科创新项目团队指出多学科知识创造的关键在于知识边界的突破,而知识创造过程中的项目学习则贯穿始终,从知识共享开始,经历知识产生,最终完成知识的整合。吴冰和刘仲英(2007)研究了供应链协同的知识创造模式。Jakubik(2008)从问题解决的角度提出了合作知识创造的过程,包含建立社区环境、定义问题、提出问题、针对可能的解决方案展开对话、采取批判的方法、一起找到解决方案、提出解决方案并采取行动、分析综合合作知识创造过程。姚威(2009)研究了产学研合作创新的知识创造过程,提出了产学研合作创造的GDSP核心过程,即知识获取、知识吸收、知识共享、知识增值。彭双和顾新(2010)研究了知识链组织间知识创造的动力要素以及在知识链组织间知识创造过程中促进新知识产生的动力要素及其作用机理。韩晓琳和马鹤丹(2014)基于信息空间理论构建了合作知识空间,对面向新产品开发的企业间合作知识创造机理进行研究,发现在每一个合作知识创造循环内都动态进行着知识的扫描、编码、抽象、扩散、吸收和影响,但新产品开发不同阶段的合作知识创造机理各异,概念阶段的主要合作知识创造机理为抽象和扩散,研发阶段为吸收,原型验证阶段则为扩散和影响。Mohaghar(2012)指出,知识共创是指组织与合作伙伴、竞争者、供应商和顾客相互协作以创造知识。Chesbrough et al. (2006)指出,开放式创新包括由外而内和由内而外两种基本知识流程,即知识的外部获取和外向转移。张永成和郝冬冬(2011)在 Chesbrough et al. (2006)的基础上,提出开放式创新下的知识共同创造就是拥有异质知识的网络成员聚集在一起,通过成员知识子系统的状态调整,实现异质性知识在网络中"游走"与整合的过程,包括嵌入性创造和外部联合创造两种模式。

综上所述,组织间合作知识创造开始从组织内部视角转向外部知识源的获取,但总体关注的是企业对外部知识资源的整合利用,进而实现企业知识创造,没有充分突出外部成员的主观能动性,忽视了外部成员的知识创造潜力,较少强调知识的共同创造。

2.3.2 企业-顾客知识共创研究

随着顾客成为企业外部知识的重要来源,企业-顾客合作知识创造问题受到了学者们的关注和重视。在企业新产品开发过程中,顾客是知识共创的重要参与者,因为他们比企业更清楚自己要什么。企业新产品开发所必需的顾客知识并非完全作为一个"事先准备好的包裹"而存在,还需要通过企业与顾客的合作来共同创造新的知识,这种合作就是"知识共创"的过程(Bonner,2010;Mohaghar,2012)。Kodama(2001)基于顾客合作研究了组织知识创造过程,认为基于顾客合作的知识创造过程包括共享阶段(理解并与顾客共享现有知识)、激发阶段(传播与现有知识相关的知识)、创造阶段(创造新知识)、积累阶段(存储在激发、传播和创造过程中的各种新知识)。张雪和张庆普(2012)认为客户协同产品创新过程同时也是知识创造的过程,分别对应着知识的双向获取、知识选择、知识转换、知识评价、知识整合、知识利用和知识积累七个阶段。叶笛等(2014)研究了管理信息系统开发中用户和开发者间知识共创的前因和结果。Kohlbacher(2008)、Sofianti et al. (2010)也研究了新产品开发过程中企业与顾客的知识共创问题。Blazevic & Lievens(2008)将企业-顾客知识合作生产定义为顾客与企业通过双向互动创造新知识的程度。

综上所述,目前关于企业-顾客知识共创的研究仍较少见,已有研究也主要从企业逻辑出发,关注企业通过与顾客的互动合作,对顾客知识的获取、整合和利用,并创造新知识,较少突出顾客的知识创造潜力,且以理论阐述和简单的案例研究为主。

2.4 已有研究述评

由以上文献梳理可知,顾客参与新产品开发已经获得理论界和实践界的广泛关注,其对新产品开发绩效的积极作用也已获得学界认可。但已有的很多研究都基于信息处理的视角,特别是传统的线下参与情境研究,大多从单向参与企业创新的视角出发,将顾客仅仅视为企业创新活动中的信息提供者,主要关注企业如何获取顾客信息以提升创新绩效,低估了顾客的"合作创造者"角色,缺乏对企业-顾客双向互动、共同创造的重视。传统环境下,顾客在绝大多数新产品开发过程中所发挥的作用是十分有限而且被动的,其中重要的限制因素就是顾客与企业之间缺乏有效的沟通途径和工具,企业与顾客的"连通性"太弱,顾客参与新产品开发需要太多的沟通,其成本太高,使得传统的方法难以获取、理解和满足顾客潜在的需求(Matthing et al.,2004)。

事实上,除了倾听顾客的心声,企业还可以充分鼓励顾客投入知识,甚至通过与顾客频繁的互动合作,互相启迪思想,共同创造知识,找到用户没有表达出来的、产品的兴奋要素,以满足用户的最大需求,提高新产品的市场竞争力。随着互联网和信息技术的发展,企业与顾客之间拥有了比简单的信息处理方法更为丰富的互动和沟通过程,企业吸纳顾客参与产品创新过程的能力大大增强,信息通信技术的快速发展为顾客深入参与企业产品开发提供了强大的技术基础设施,使得新产品开发中的企业-顾客关系发生了突破性的转变,使得新产品开发从"企业利用顾客知识"的视角向"与顾客共同创造知识"的视角转变。与此同时,在线情境下的顾客参与新产品开发引起了理论界和实践界的关注。

在顾客参与对新产品开发绩效的影响方面,大量文献进行了研究,但对于其间接效应明显缺乏足够的关注,即对于顾客参与对新产品开发绩效的作用机制的"黑箱"尚未被完全打开。学者们大多从知识获取、知识转移、知识整合、关系嵌入等视角展开研究,对企业-顾客双向互动、共同创造关注不够。在线情境下,已有些研究开始关注企业-顾客双向互动和共创,但大多是理论阐述,或简单的案例研究,如 Franz & Wolkinger(2003)研究了通过虚拟社区将顾客整合进新产品开发过程;Fuller(2007)以奥迪公司为例研究顾客如何参与虚拟产品体验;Rowley(2007)等以风筝社区为例研究顾客社区中的共创;Nicolajsen & Scupola(2011)研究了顾客参与某工程咨询服务公司的突破性服务创新;Pedrosa(2012)研究了物流服务业的顾客整合案例;Lamberti & Noci(2009)研究了某玩具公司的顾客在线体验;Dahlsten(2004)研究了沃尔沃汽车 XC90 项目中的女性顾客参与。案例研究大多专注于顾客参与阶段、顾客所扮演的角色等方面的探索,对于在线情境下企业-顾客互动对新产品开发绩效的影响仍缺乏系统的研究。

总体来看,国外学者已对顾客在线参与新产品开发问题进行了大量有益的探索,而国内相关研究仍处于起步阶段。国外相关研究成果对后续理论研究及中国情境下的实证研究有较大的借鉴价值。但与此同时,作为一个较为前瞻的新兴研究领域,已有研究尚未形成一个系统的分析框架和完整的理论体系,但仍有诸多问题有待进一步深入探讨。

2.4.1 关注企业-顾客的双向互动

从传统的顾客线下实体性和单向性参与,延伸至网络虚拟环境下的企业-顾客在线互动,突出企业-顾客的双向作用过程,扩展、提炼企业-顾客在线互动这一基本概念,进而推进顾客参与与新产品开发绩效关系的研究。

2.4.2 企业-顾客在线互动的内涵界定、维度划分及其测量研究

已有研究大多关注顾客的单向参与,且将顾客在线参与新产品开发作为一个整体变量来处理,较少涉及具体的维度划分,或直接沿用顾客线下参与的维度划分和测量方法。互联网环境下顾客与企业、顾客与顾客之间的互动关系得到加强,以往的研究考虑的维度对在线情境下的企业-顾客双向互动解释力有限。后续研究有必要充分考虑线下实体参与和在线参与、单向参与和双向互动的区别和联系,通过理论和实证相结合的方法,对企业-顾客在线互动进行内涵界定和维度划分,并开发出相应的测量量表,为进一步深入和细化研究做好基础性工作。

2.4.3 企业-顾客在线互动对新产品开发绩效的作用机制研究

已有研究虽已初步分析了顾客在线参与新产品开发的积极作用和风险问

题,但对其内在的作用机理和传导机制尚缺乏深入剖析,需要我们进一步探索企业-顾客在线互动对新产品开发绩效的具体作用机制,分析这一作用关系中可能存在的重要中介变量或调节变量,构建相应的理论模型,并通过更为广泛深入的实证分析,探明各变量、维度间的具体作用路径、方式和程度,以窥知企业-顾客在线互动和新产品开发绩效作用关系的全貌。从知识共创这一系统化视角出发,深入到企业-顾客合作创新的本质层面,探索知识共创的维度构成,研究企业-顾客在线互动对新产品开发绩效的作用机制是亟待深入的一个研究方向。

2.4.4 企业-顾客知识共创的内涵界定、维度划分及其过程机制

在研究知识共创中介作用的基础上,就企业-顾客知识共创的过程机制做进一步的细化研究,探明外向型知识共创和内向型知识共创具体的实现路径和步骤,深入剖析顾客参与新产品开发的创新规律。以上诸多有待解决的议题,都为本书指明了新的研究方向和思路。

2.5 本章小结

本章对顾客参与新产品开发、顾客在线参与新产品开发及知识共创相关理论进行了文献综述,阐明了企业-顾客在线互动与新产品开发绩效关系理论研究的不足与有待进一步研究之处,为本研究找到了切入点,并为全书的研究奠定了理论基础。

3 企业-顾客在线互动对新产品开发绩效影响机制的探索性案例研究

3.1 研究设计

通过第 2 章的文献综述,我们可以得到企业-顾客在线互动对新产品开发绩效具有显著的促进作用,但企业-顾客在线互动的维度构成还有待进一步明确,企业-顾客在线互动对新产品开发绩效的作用机制也尚未澄清。本章将针对上述问题,选择 4 家企业(四个新产品开发项目)开展深入的探索性案例研究,构建企业-顾客在线互动、知识共创与新产品开发绩效研究的初始概念模型与理论假设,确定企业-顾客在线互动"是什么""怎么样"影响了新产品开发绩效。

本研究采用多案例分析结合扎根理论编码方法进行分析。采用多案例研究方法的原因主要有三点:①本研究旨在确定企业-顾客在线互动的构成要素及其对新产品开发绩效的影响机制,已有文献不足以对研究问题做出充分的解释,需要对现有理论进行很大的拓展和补充,从而产生新的理论假设,因此,适合用理论构建的探索性案例研究(Eisenhardt,1989)。多案例研究有助于深入探究过程、机理类研究问题(Eisenhardt,1989;吴晓波等,2010)。②案例研究方法适用于回答"是什么""为什么""怎么样"的问题(Yin,1994)。本研究目的在于回答企业-顾客在线互动"是什么""怎么样"影响了新产品开发绩效。③多案例研究相比单案例方法更易于提炼出更为严谨、一般化,以及可以验证的理论命题(陈晓萍等,2012)。本研究还借鉴扎根理论编码方法作为多案例分析的数据编码和归类方法,其目的在于从大量的定性资料中提炼范畴,进而构建企业-顾客在线互动与新产品开发绩效作用关系的概念模型。扎根理论方法是质性研究方法之一,由 Glaser 和 Strauss 两位学者于 1967 年提出并发展起来的,该方法主要宗旨是从经验资料的基础上建立理论。与一般理论不同的是,扎根理论不对研究者自己事先设定的假设进行逻辑推演,而是从资料入手进行归纳分析(王璐等,2010)。研究者从实际观察入手,从原始资料中归纳出经验概括,然后上升到系统的理论。这是一种从下往上建立实质理论的方法,即在系统性收集资料的基础上寻找反映事物现象本质的核心概念,然后通过这些概念之间的联系建构相关的理论。本研究采用扎根理论编码方法作为多案例研究的数据分析方法,将定性数据转化为定量数据,契合于本研究的研究目的与研究内容,也保障并提高本研究的整体信效度水平。

和其他研究方法一样,案例研究也有一套可以遵循的步骤和程序。本书在对已有研究分析评述的基础上形成研究问题和思路,继而依据理论抽样原则来选择案例研究的样本,并进行数据收集、数据分析,从而得出初始研究假设。

3.1.1 理论预设

顾客参与在新产品开发或产品创新中的积极作用获得了越来越多企业的重视,并已被证实为新产品成功的重要因素之一(Bonner & Walker,2004)。企业的产品创新活动已从传统上"以企业为中心"的单边创新范式向"企业-顾客共创价值"的交互创新范式转变,顾客在企业创新活动中的重要地位日益凸显,他们已不仅仅是产品的被动接受者,而是主动表达自己需求和愿望,并参与到产品设计过程中,扮演着企业新产品的共同开发者、企业合作者与竞争者,以及价值共同创造者等多重关键角色(王永贵,2011)。

近年来,有关顾客参与新产品开发的研究不断涌现,学者们基于各自的视角展开理论研究,取得了丰硕的成果,但仍未形成完整的理论体系,对顾客参与新产品开发的内涵理解也未达成一致,在顾客参与对新产品开发绩效的影响方面,尚未形成一致的结论。梳理现有文献可以发现,现有关于顾客参与新产品开发的研究基于两类情境,一类是传统的线下实体环境中的顾客参与,另一类是基于互联网和信息技术的线上参与。传统环境下消费者在绝大多数新产品开发中所发挥的作用十分有限,其中重要的限制因素就是消费者与企业之间缺乏有效的沟通途径和工具。传统情境下的顾客参与研究大多基于信息处理视角,从单向参与企业创新的视角出发,将顾客仅仅视为企业创新活动中的信息提供者,主要关注企业如何获取顾客信息以提升创新绩效,低估了顾客的"合作创造者"角色(Ramaswamy,2004)。因此,企业需要使用比简单的信息处理方法更为丰富的互动和沟通过程(Sigala,2012)。而互联网和信息技术的高速发展,打破了传统实体环境下企业-顾客互动在顾客数量及时间等方面的局限,使企业与庞大顾客群体的在线实时互动成为可能。在新产品开发过程中,企业-顾客互动的广度、深度和频度大大增强。顾客拥有了直接参与企业新产品开发活动的便利途径,企业也拥有了及时、高效、低成本地识别、捕获创新知识和信息的重要渠道(Fuller et al.,2006;Chu & Chan,2009)。因此,在网络环境下,顾客在新产品开发过程中将发挥更大的作用。企业可以运用先进的网络通信技术与顾客进行实时沟通,真正实现了企业与顾客间的关系从"企业利用顾客知识"到"企业与顾客共同创造知识"转变。在线顾客群体拥有大量与产品相关的消费知识、市场信息和技术诀窍(Fuller et al.,2006);企业与顾客的在线互动,可充分利用顾客群体的异质性知识和创造力,在思维碰撞中激起创造性风暴(王莉和任浩,2013)。因此,根据第2章对当前文献的梳理,本书认为企业-顾客在线互动是企业和顾客基于互联网和社会化媒体,围绕特定创新任务而进行的持续交流与协作活动,并将其划分为三个维度:信息导向互动、关系导向互动和任务导向互动。当然,这种划分的合理性和有效性还有待在产品开发实践中进一步验证。

事实上,已有部分学者开始关注在线情境下顾客参与对企业新产品开发绩效的影响,但大多为理论阐述或简单的案例分析,对其内在的作用机理和传导机制尚缺乏深入剖析,更缺乏对企业-顾客双向互动、共同创造的重视。Ramaswamy(2004)指出,顾客与企业的合作主要通过互动来实现。企业与顾客间蕴含着一种"共生关系","企业-顾客互动"的界面是企业与顾客共创价值的新场所(Muller & Zenker,2001)。在价值共创的创新层面,创新过程也是参与主体的知识增加过程,是知识的共同创造(Kohlbacher,2008)。除了倾听顾客的心声外,企业还可以充分鼓励顾客投入知识,甚至通过与顾客频繁的互动合作,互相启迪思想,充分激发顾客的创造潜能,与顾客共同创造新知识,进而提升新产品开发绩效。因此,通过与顾客的在线互动来整合双方知识和潜能并实现知识共创,进而使创新想法在互动过程中不断涌现,是提升企业新产品开发绩效的重要途径。

综上所述,本研究将以"企业-顾客在线互动"为切入点,并引入"知识共创"这一中介变量,研究企业-顾客在线互动对新产品开发绩效的影响机制(如图3-1所示)。

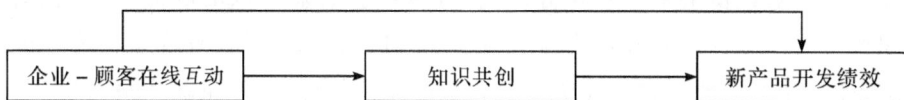

图 3-1　企业顾客在线互动对新产品开发绩效作用机制的预设模型

3.1.2 案例选择

本研究主要依据理论抽样原则来选择样本(Eisenhardt,1989),样本相对于研究目的要有代表性。首先,我们通过大量查阅公开发表的论文、书籍、新闻媒体报道、产业或行业报告,以及公司网站、公司微博、微信公众号、论坛、网店等公开的二手资料来获得初步的关于案例对象的背景资料,了解相关企业是否适合作为案例企业进行研究,选取一些案例作为备选案例集,然后从中选择合适的样本。抽样具体标准如下:第一,所选案例项目在新产品(服务)开发实践中,持续不断地与顾客进行在线互动,有顾客在线参与新产品开发经历,且对企业新产品开发有积极作用;第二,所选案例企业的新产品(服务)开发实践存在一定的差异性,便于比较研究;第三,所选案例项目应该已经完成。此外,还应兼顾案例信息的可得性。基于此,最终选择两家互联网企业的产品开发项目和两家传统企业的产品开发项目作为案例分析对象,研究对象的基本情况见表 3-1。

表 3-1　多案例研究中研究对象的基本情况

案例项目	企业成立时间	员工人数	所属行业	与顾客在线互动渠道
案例一	1999 年	350 以上	教育信息化软件开发	客服系统、QQ、电子邮件、电话
案例二	2012 年	20-30	科技服务	QQ、微博、微信公众号、电话
案例三	2013 年	20-30	移动游戏研发与运营	QQ、论坛
案例四	2014 年	50	互联网在线教育平台	QQ、电子邮件、电话

3.1.3 数据收集

本研究采用一手资料和二手资料相结合的数据收集方法,通过相互比对形成案例研究资料库。二手资料的收集渠道包括:①企业对外宣传用的相关资料,包括企业网站、微博、微信公众号、论坛、贴吧、QQ 群等媒介平台上的电子文档以及企业提供的纸质材料等;②直接从案例企业获取的内部材料,包括内部刊物、宣传手册、产品开发流程图和企业其他文件;③其他外部机构公开出版或发布的、涉及研究对象的相关资料,如学术期刊论文、新闻媒体报道、产业或行业报告、行业论坛,以及诸如百度贴吧、各电商平台上的记录等。

　　一手资料的收集方法主要有三种,见表 3-2。其中访谈提纲是在预备调查之后,经过仔细考虑才设计出来的,并且每家企业的访谈提纲都结合企业的实际情况进行了适当的修正,以期能反映所要探讨的问题。

表 3-2　一手资料的采集方法

调研类型	调研说明
深度访谈	针对企业高管、研发设计部门负责人、销售部门负责人、客户服务部门负责人、顾客等进行深入的问卷与访谈调查
实地走访	实地走访多家企业,获取一手资料,进行补充调研
电话访谈	在深度访谈和实地走访基础上,对后续案例分析和写作过程中有不清楚之处进一步进行电话回访
参加与研究主题相关的论坛	如参加 2016 年 4 月 23 日举办的"移动互联时代的社会化媒体营销高峰论坛"

　　本研究的访谈情况如表 3-3 所示。在访谈之前,通过浏览相关网站(如企业官网、以企业名称或企业领导人姓名为关键词搜索得到的网站)了解企业的背景信息。同时,笔者还通过相关行业论坛、百度贴吧等网站收集信息,搜索并关注企业的微博、微信公众号,查找并加入企业所创建的面向顾客的 QQ 群,观察、了解企业与顾客的互动交流情况、顾客对企业的评价情况等,以保证资料来源的多样性,对企业有全面、准确的了解。在面对面的半结构化访谈过程中,在征得被访者同意的前提下,采用录音和笔记两种形式记录访谈内容。由于深度访谈是非常重要的数据来源,每个案例项目的访谈时间都在 3 小时以上,每次访谈时间大约为 1.5 小时,且每次访谈至少有两名访谈者参加,其中一人为主访谈者,另外一人为辅访谈者。主访谈者负责掌握访谈提问的整体思路,在访谈过程中根据情况及时对某些问题进行澄清和追问,以进行信息的深度挖掘。辅访谈者主要负责访谈记录,采取笔记与录音同时进行的方式进行,确保访谈

信息尽量不遗漏、不失真，保证访谈过程的信度和效度。笔者坚持在访谈当日（一般访谈当日的记忆和理解最为深刻）完成访谈记录的录入工作。同时进行分类与编码，作为下一步数据分析所用。

表 3-3　访谈情况

案例项目	访谈对象	访谈地点	访谈时间
案例一	研发事业部韩经理	A 公司	2014 年 11 月 3 日
	软件开发人员熊先生	A 公司	2014 年 11 月 3 日
	项目经理刘经理	文一路两岸咖啡	2015 年 1 月 7 日
	L 高校项目负责人徐老师	L 高校科技处	2015 年 1 月 12 日
案例二	总经理茹总	梦想小镇 B 公司	2016 年 4 月 22 日
案例三	总经理杨总	杭州市古墩路城市发展大厦 C 公司	2016 年 3 月 17 日
案例四	技术总监陈总	杭州市西湖区西港发展中心 D 公司	2016 年 5 月 6 日
	客服小云		

3.1.4　信度和效度控制

根据 Yin(1994)、卡麦兹和凯西(2009)等的建议，本研究主要从多案例研究、数据收集、双人编码、受访者检验等方面提高研究的信效度水平。Eisenhardt (1989)认为 4～10 个案例可以提供良好的分析归纳基础，由此推导出的结论信度和效度也会随之得到改善。

本书选择了 4 个典型新产品开发项目进行多案例分析。通过案例的重复和案例间的比较，力求增加探索性案例研究的有效性。在数据收集方面，根据 Miles 和 Huberman(1994)所描述的三角测量法，本研究采用访谈记录、现场观察、档案资料等多重证据来源，并建构案例研究资料库，以提高研究的信度和效度。在数据编码过程中，两名研究者同时进行编码，最后进行核对、确认。对于不一致的编码结果向访谈对象进行电话回访，以获取针对相应问题的进一步解释，从而降低不一致水平，提高编码的信度和效度。本研究还将研究结论反馈给相应的访谈对象，请其对研究结果进行效度检验。此外，由于本研究首先进行了理论预设,容易造成先入为主,从而做出武断性判断。为了尽可能避免此类情况的发生,在资料收集过程中尽量保证案例资料的客观性。我们对每一份收集的资料都标明了资料来源,包括访谈时间、对象、信息来源等。有时会出现一手资料与二手资料不一致的情况,本研究遵循二手资料服从一手资料的原则,同时通过电话形式与被访谈人员再次沟通,对所得信息进行修正和补充。

3.1.5　数据分析

根据 Eisenhardt(1989)等学者对多案例理论构建研究的建议,本研究基于分析性推演逻辑,将多案例分析分为案例内分析和案例间分析两个步骤。首先进行案例内分析,案例内分析把每个案例看成是独立的整体进行全面描述性分析。采用扎根理论编码方法,结合内容分析法对案例数据进行编码和归类分析,其目的在于从大量的定性资料中提炼范畴,进而构建理论模型。根据陈晓萍等(2008)的建议步骤:第一,建立文本,通过对访谈、观察及文件等资料的誊写与摘记,将一手资料标记为 FH(first-hand),二手资料标记为 SH(second-hand)。第二,发展编码类别。根据 Yan & Gray(1994),如果已有初步理论,亦可根据理论来架构类别。本研究主要涉及企业-顾客在线互动、知识共创和新产品开发绩效等主要构念,并依据构念的子类别对数据进行二级编码。第三,指出相关主题,将所有数据按照理论预设来进行逻辑归类。第四,资料聚焦与假设检定。进行初步假设的复核,让资料主题与初步假设对话,以了解资料与假设配合的状况,作为接受或拒绝假设(或命题)的依据;第五,描绘深层次结构,整合所有资料、理论命题,来建构理论框架,作为未来进一步研究的基础,并加以修正(Gamey,1990;Strauss & Corbin,1990)。通过对不同方式收集到的一手资料和二手资料进行编码归类,本研究得到一个包含 206 个条目的条目库。

案例间分析是在案例内分析的基础上对所有案例进行统一比较、抽象和归纳,进而提炼出理论模型和假设(Eisenhardt,1989)。本研究中,首先将第一个案例中建立的构念和主题与初始概念模型进行比对,看案例与初始模型是否吻合,据此深化、完善或修改初始模型,或者提出与之对照的新模型。此后,将此新模型应用于第二个案例的分析,依此类推,不断重复这个过程,通过案例数据资料、文献和理论的反复比较,直至到达理论饱和度,从而得出相对一般化的结论。

3.2 案例对象简介

3.2.1 案例一:A 公司-L 高校科研管理系统开发项目

2009 年,L 高校为进一步推进数字化校园建设,决定开发科研管理系统,以提高全校科研管理工作的效率和水平。通过项目招标,L 高校最终确定 A 公司作为其科研管理系统项目的服务提供商。

A 公司成立于 1999 年,是一家专业从事高校教育信息化领域咨询、规划、建设和服务的软件企业和高新技术企业。公司现有员工 350 余人,研发中心设在杭州总部,在全国 30 个省、市、自治区设立了子公司、办事处与服务机构。A 公司产品线覆盖了教学管理与服务、学生管理与服务、基础平台、电子校务、数字资源等高校业务。公司目前拥有 1300 多所高校用户,在与高校共同成长的过程中,积累了信息化规划设计、标准建设、系统集成、项目实施、运行维护的经验,为高校信息化建设提供完整的解决方案并取得了良好的效果。公司获得国家火炬计划、优秀软件产品、技术创新等奖项,通过了 ISO9001 质量管理体系、ISO27001 信息安全认证体系、CMMIL5 软件成熟度、计算机系统集成三级资质的认证。

本案例中,A 公司为首次开发科研管理系统,对高校科研管理相关业务内容并不熟悉,因而需要顾客方 L 高校的通力合作,在软件开发的各个阶段都离不开 L 高校的深度参与,L 高校相关负责人在整个开发过程中做出了很大的贡献。项目开发历时三年多,在此过程中,A 公司软件开发人员与 L 高校相关负责人主要通过在线的方式进行互动合作,双方参与项目开发的人员也都建立了良好的私人关系。这种开发模式使得 A 公司利用较低的开发成本积累了丰富的科研管理系统开发经验。此项目完成后,A 公司很快承接了全国各地 40 余所高校的科研管理系统开发项目,为公司创造了巨大价值。这一"共同创造"的模式成为 A 公司获得核心竞争力的重要战略选择。

3.2.2 案例二:B 公司 F1 三维扫描仪开发项目

B 公司成立于 2012 年,是一家专业提供三维数字化技术综合解决方案的高科技企业,客户群体主要集中在逆向工程、检测、自动化、VR、AR 和动漫影视等行业。公司集合了微软、浙江大学、哈尔滨工业大学、复旦大学、山东大学等技术研发力量,致力于自主开发手持式三维扫描仪,以"三维输入一切"为核心发展方向,带给人类全新的三维虚拟世界新体验。公司采用国际领先的防抖动算法,开发手持式三维扫描仪、人体扫描仪、彩色三维扫描设备。公司目前主要产品有拍照式人体三维扫描仪、消费级手持式三维扫描仪、彩色三维扫描仪等。

本研究选取 B 公司的 F1 工业级三维扫描仪开发项目为研究对象。据了解,F1 采用领先的三维数据采集技术,集准确性、便携性、简单性于一体,可以快速完成人体部位或者物品的三维扫描。除此之外,F1 最吸引人的当属其核心技术。F1 融入了非白三维最核心、最尖端的图像采集和图像计算技术,可以实现以每秒 60 帧的扫描速度,0.3 秒的时间就可完成单幅数据的呈现,这不仅提高了扫描速率,同时也大幅度减少了手持操作抖动带来的误差。F1 采用智能的高级算法软件,可以实现自动幅面精确拼接,能够帮助用户简单精确的实现复杂物体的三维数据获取。F1 不仅优势明显,其应用领域也非常广泛,主要应用于工业设计、3D 打印、虚拟现实、医疗领域、汽车领域、教育领域等。而且这款扫描仪速度比市面上的固定扫描仪速度快近 10 倍,价格却只有国外类似产品的五分之一左右。这款扫描仪一出炉,就有了订单。

3.2.3　案例三:C 公司 HLSG 游戏开发项目

C 公司成立于 2013 年,是一家以移动游戏研发与运营为主体的创新创业型企业,由移动互联网资深研发团队创立。目前已有三款游戏上线,本书选择的研究对象是其中的一款——HLSG 游戏研发项目。HLSG 在苹果 App store 上线首日就成绩斐然,在桌面游戏类目中排行第一,在策略游戏类目排行第二,在付费总榜排行第五。HLSG 是市场上首款微竞技兵法策略手游,由于当前鲜有同类型游戏可供玩家选择,它凭借优质的画面和创新度较高的微竞技概念,在卡牌游戏中占据了一席之地。HLSG 是一款有趣的、结合了卡牌竞技与养成且具有前瞻性设计的作品,采用了很多巧妙的设计方法,为竞技卡牌树立了设计范本。此前大部分移动平台的竞技类卡牌的在线竞技玩法颇有局限,但HLSG 重新定义了规则,证明离线与在线即时切换的 PVP 模式在移动平台是可行的,是融合了多种玩法后衍生而成的一个全新玩法,独创的模式被证明是完全可行的,且受到了玩家的广泛好评。

3.2.4　案例四:D公司MK平台开发项目

D公司成立于2014年,是一家致力于发展在线教育的互联网公司。本研究以D公司推出的MK在线教育平台产品开发项目为研究对象。MK是D公司打造的在线社交型学习平台,致力于发展与服务未来教育,以服务于教育主体(高校、机构)创办线上大学,以服务于教师自主创办线上学堂,以服务于学生自主选择学校、专业、名师和课程的各类学习需要,打造线上大学校园为目标,使人人可享名师优质课程,人人可聆听名家纵论,从而促进教育公平。该平台于2015年9月上线,目前省平台上有108所高校参与,共计202门课程。

3.3　案例内分析

本部分将逐一对获取的四个新产品开发项目数据进行编码,并根据研究变量进行归类。分别对每个案例中的企业-顾客在线互动、知识共创及新产品开发绩效进行描述与初步分析,由此得出结构化的数据信息,为深入研究变量之间的关系奠定相应的研究基础。

3.3.1　企业-顾客在线互动编码分析

本研究主要围绕信息导向互动、任务导向互动和关系导向互动三个维度进行有关企业-顾客在线互动的数据信息收集。信息导向互动是企业与顾客在线分享和交换创新相关信息(市场信息、需求信息和产品相关信息等)的行为和活动,可通过论坛发帖、在线文件传输、博客分享、电子邮件、留言板、在线调查等方式进行;关系导向互动是基于网络平台,以建立双方的持久关系和满足情感需求为目标的互动,如在企业论坛中开展顾客回馈活动,通过网络传递对顾客的问候和感谢等;任务导向互动是企业与顾客围绕特定创新任务开展的各类在线合作行动,如问题解决、产品讨论、技术交流、在线设计开发、测试新产品等。每个理论构念都用一个单独的表格来概括其证据,是展示案例证据的一种特别有效的方法(Eisenhardt,1989)。四个案例的企业-顾客在线互动编码结果见表3-4。

表 3-4　四个案例的企业-顾客在线互动编码结果统计[①]

编码	二级编码	典型引语举例	对应案例
企业-顾客在线互动	信息导向互动	我们经常和客户进行在线沟通，内容包括需求收集、软件创新性意见收集、发布软件紧急修复程序等(A-R_1-2，韩经理)	案例一
		学校是使用单位，业务上非常专业，学校对产品的需求都是基于本校的需求，个性化比较强，所以必须很清楚地掌握学校的需求信息(A-R_3-3，熊先生)	
		使用过程中后续有很多问题，在线沟通比较多，一般都是 QQ 或电话，比如某个界面需要修改或增加什么东西(A-R_2-6，刘经理)	
		我们有自己的微信公众平台、微博、电话等方式和客户做在线的沟通，我们和客户的前期中期沟通在线上的比重很大，可能占到 80% 以上，我们有大部分的客户都是通过线上来完成的，可能就是在最终签合同的时候客户才会来公司实地考察一下(B-R_1-2，茹总)	案例二
		我们有专门的市场调研部门负责线上调研现有和潜在市场，我自己也经常在微博、澎湃等各个社区中与用户和三维扫描爱好者交流(B-R_1-3，茹总)	
		客户在网上把模糊的市场需求和功能反馈给我们，比如三维扫描的精度、速度、手持、抗抖动、彩色等功能，都是客户反馈的强烈需求(B-R_1-4，茹总)	
		我们有玩家 QQ 群，玩家们在群里进行讨论，比如关于游戏的攻略、心得，对游戏的意见、建议，发泄心中的不满，对于典型的问题群里有客服会第一时间给予解答(C-R_1-1，杨总)	案例三
		玩家会在网上不断地将游戏的 bug 或错误反馈给我们，我们会根据他的意见来修改(C-R_1-4，杨总)	
		以 UC 九游论坛为例，游戏新闻、活动公告、游戏攻略、玩家评论以及其他游戏资料都发布在网站上，还有玩家论坛，玩家们可就攻略心得、问题建议等各种话题进行讨论(SH)	
		与用户的在线互动是必需的，一般通过 QQ、电子邮件、在线问卷调查或电话，我们也有一些教师顾问，会当面沟通。不过面向大范围的话，还是邮件和 qq 客服的形式(D-R_2-1，客服小云)	案例四
		老师和学生使用过程中遇到的问题也会通过老师不断反馈给我们。我们会定期把关于课程建设的一些常见问题、操作手册等整理出来发给老师(D-R_2-3，客服小云)	
		我们有专门的客服团队，来解决老师和学生在使用过程中的问题，以及收集老师和学生的反馈。一般一周会有一份报告提交到产品部门(D-R_1-3，陈总)	

① 标识规则如下：一手资料中，首位为企业编号(A,B,C,D)，次位为访谈对象编号(R_1,R_2,R_3)，末位为逐段编码访谈论断编号。例(A-R_1-2)，表示 A 企业内 R_1 人员访谈材料中编号 2 的访谈论断。二手资料直接编码为 SH。

编码	二级编码	典型引语举例	对应案例
企业-顾客在线互动	任务导向互动	很多工作需要客户协助我们完成,比如需求确认阶段我们会先设计原型图,把主要工作画在一个基本的页面里,然后给校方确认,客户如有不同意见就反馈给我们。有些专业的用户还能在我们设计原型图的过程中提出比较好的建议,帮助我们共同设计(A-R$_2$-5,刘经理)	案例一
		公司建立完善的客服机制,公司客服部、现场实施人员和校方主要系统负责人建立 QQ 群,经常一起交流讨论系统开发问题,全国每个片区专人专岗建立联系,第一时间响应客户提出的问题(A-R$_3$-1,熊先生)	
		比如我们的科研管理系统,年底要做科研考核,科研考核要在一定时间内完成,想在系统中增加一个科研考核的功能,或者某个功能需要改进,要增加角色,比如二级学院要增加某个领导审核功能,那这个功能是临时增加的,时间也比较紧,需要双方共同努力来完成任务(A-R$_4$-1,徐老师)	
		公司在研发新产品时,在业务设计上,经常和客户一起评审讨论,使得公司在互联网化程度上考虑更加深入,在兼容老版本问题上,客户也提出很多宝贵的建议(A-R$_3$-9,熊先生)	
		F1 产品开发过程中,客户不断地参与调试和反馈,我们做了很多次的修改(B-R$_1$-5,茹总)	案例二
		我们经常和我们的工业领域的客户讨论开发的技术目标还有国内外的技术走向,经常会探讨国外对标品的一些核心参数和功能,在 F1 的开发中我们就和客户探讨过 LMI 的对标产品做过技术论证(B-R$_1$-6,茹总)	
		现在的客户应该算是重度参与开发的,我们的公司架构也是十分开放的。我们为工业客户做开发的时候,客户会对接资源和开发力量和我们做相当深度的合作(B-R$_1$-7,茹总)	
		封测、内测、尖叫度测试以及公测,都需要玩家协助我们共同完成,以发现游戏存在的问题,并看玩家的行为,更新数据,做游戏的改进(C-R$_1$-8,杨总)	案例三
		有些问题要征求玩家的意见,比如前段时间我们换了很多游戏的LOGO,我们拿不准玩家到底喜欢哪个,我们画了 5 个 LOGO,找了一两百个玩家让他们去选,选了之后我们做统计,哪个选得最多我们最后就用哪个(C-R$_1$-11,杨总)	
		在九游论坛、百度贴吧或 QQ 群中,玩家们经常针对游戏各种问题发表评论并互相讨论(SH)	
		玩家只是玩游戏,参与游戏的设计或开发基本没有,只是有时候会带给我们一些启发,毕竟玩游戏和做游戏是两个概念(C-R$_1$-9,杨总)	
		平台建设需要老师密切合作,课程建设的很多环节需要老师来参与完成,比如课程视频的拍摄、视频上传、课程设计、课程管理等(D-R$_2$-4,客服小云)	案例四

续表

编码	二级编码	典型引语举例	对应案例
企业-顾客在线互动	关系导向互动	有时候某个老师反馈的问题会引来群里其他老师的共鸣或讨论,有些老师也直接和我们的客服人员进行讨论(D-R₂-5,客服小云)	
		教师顾问团队成立后,我们定期地举行一些会议,并邀请老师对我们的新功能进行试用(D-R₁-3,陈总)	
		项目开发历时比较长,时间久了我们和老师也建立了良好的私人关系,项目开发期间经常通过 QQ、电话交流,不仅交流系统开发的问题,有时也聊聊家常,互相支持鼓励(A-R₃-5,熊先生)	案例一
		每逢节假日我们会给客户学校的老师发送问候,比如教师节我们会主动发函给老师送去公司的问候。公司负责产品业务部门负责人能和学校负责业务老师达成更好友谊就最好了,这样才能促进产品和服务共同进步(A-R₃-14,熊先生)	
		QQ 交流很方便,产品开发期间经常要加班,有时候几句寒暄的话语,会拉近彼此的距离(A-R₂-10,刘经理)	
		我们的企业形象还是一个相当年轻、活力、尊重技术驱动的一个企业,有些客户就冲着我们的企业文化来买产品,也遇到过冲着企业文化来应聘的(B-R₁-8,茹总)	案例二
		我们的管理方式是相当扁平的,我们大部分的客户都是通过线上来完成的,整个沟通的方式,也是非常的轻松和愉快的(B-R₁-9,茹总)	
		我们会经常和客户进行非正式的聊天、问候等,也会做线上的调查,明确客户的需求(B-R₁-11,茹总)	
		一旦玩家有不爽或遇到 BUG 或给他造成负担或损失的时候,这时我们要维护整个游戏,然后要给他一些补偿,让他把情绪调整好(C-R₁-5,杨总)	案例三
		玩家提出的方案被采纳,我们会给他们一些奖励,这些奖励也都是一些虚拟的游戏里面的奖励,实物的比较少(C-R₁-7,杨总)	
		通过 QQ 群、玩家社区等,我们都会去和玩家交流,都把他们捧为上帝,他们的每一句话我们都会很慎重地去考虑,去帮他们解决一些问题(C-R₁-10,杨总)	
		老师提的每一个问题和建议我们都会很尊重并认真考虑,客服人员第一时间给予解答,解答不了的马上反馈给技术人员(D-R₂-6,客服小云)	案例四
		我们邀请了一些在网络课堂方面比较有经验的教师,建立了教师顾问团队,与他们建立了紧密的关系(D-R₁-4,陈总)	

以下具体分析各案例的企业-顾客在线互动情况。

1. 案例一：A 公司-L 高校科研管理系统开发项目

A 公司产品为定制化软件，在软件开发过程中整合客户的行业经验知识和 A 公司的专业技术知识是必不可少的，从前期的需求确认到后期的交付使用，整个开发周期都需要双方进行密切的交流和互动。由于现场沟通成本较高，且公司客户遍及全国，因此，在整个开发周期内以在线沟通为主。除了少数专业用户，大多数用户不懂得软件开发专业知识，以需求和问题的反馈为主。为将客户需求和建议进行规范化管理，公司打造了客户服务系统。客户服务系统是客户与 A 公司在线交流的一个免费平台。通过客服系统，客户可方便地提交需求申请，客户需求提交功能贯穿客户需求的提交、分析、回复、客户反馈四个环节，通过监督各个环节的处理质量和效率，实现规范化的管理。客服系统功能完善，通过"通知公告"可以查看 A 公司的最新动态；客户之间可以通过"文件传阅"功能进行信息传递和交流；"手机短信提醒"功能方便客户及时接受查看客服系统内各种消息；通过"电子邮件"服务功能，客户可以给 A 公司内部员工发送电子邮件，交流快捷畅通。客服系统还在不断地完善中。除了客服系统外，A 公司员工与客户还可通过 QQ、电话、电子邮件、微信公众号等渠道进行互动。公司网站上有客服 QQ，方便用户咨询交流。公司还建立各地区高校用户 QQ 群，方便企业发布信息、开展问卷调查、收集用户意见和建议等。开发人员可以随时随地通过电话或 QQ 与客户交流。此外，远程技术支持也是软件开发过程中高效率、低成本的管理和互动途径。有了这些在线沟通渠道，信息交互方便、快捷、高效，提高了新产品开发的效率，也降低了开发的成本。

在案例一项目中，A 公司为首次研发科研管理系统，相当于开发一个全新的产品，因此，很多工作需要校方协助公司完成，比如前期的需求确认、系统架构和功能模块的设计等，需要校方提供充分的信息，明确提出自身的想法和建议，协助公司共同设计。L 高校项目负责人为计算机专业出身，有较强的专业能力，整个开发过程都能与开发人员进行深入的讨论。开发人员经常和校方项目负责人进行电话或 QQ 交流，一起讨论系统界面设置、模块选择、功能实现以及存在的问题等问题。公司建立了包含公司客服部、现场实施人员、开发人员、学校项目负责人、学校科研处、各二级学院科研管理人员等的 QQ 群，第一时间响应系统开发相关的问题。有些问题可以直接通过 QQ 或电话沟通，对于一些偶发的问题或语言文字难以表达清楚的复杂问题，开发人员则可以直接通过计算机远程桌面进入用户方系统的操作界面，直接查看系统存在的问题。特别是当用户提出需求变更时,用户可能随时会变更需求,比如增加或修改某个功能,尤其在时间比较紧的情况更加需要双方共同努力来完成任务。由此可见,在该项目中,企业-顾客信息导向互动和任务导向互动水平都很高。

A 公司注重维护客户关系,努力与客户建立良好的关系,以更好地推进教育信息化,更有利于双方工作的开展。从访谈中我们了解到,公司每逢节假日会给老师们发送祝福短信,教师节还会发函给老师送去公司的问候。项目开发历时较长,为了更好地完成系统开发任务,双方都会努力去适应、熟悉对方的沟通模式,相互理解、合作。时间久了开发人员和 L 高校项目负责人也建立了良好的私人关系,QQ、电话交流很方便,不仅交流系统开发的问题,有时也聊聊天,互相鼓励,每逢节假日发送一个问候,拉近彼此的距离。由此我们认为,案例一项目中企业-顾客关系导向互动水平很高。

2.案例二:B 公司 F1 三维扫描仪开发项目

F1 三维扫描仪是国内第一款工业级手持式单目三维扫描仪,这款产品对标的是国外手持三维扫描仪,国内缺乏对标产品。B 公司在与客户的交流中遇到了客户需要一款精度高手持的准工业级别的三维扫描仪,国外有此类产品,但价格非常昂贵。客户在选购三维扫描仪的时候通常面临这样的困境,高精度的进口扫描仪价格贵,低价格的扫描仪精度不够,因此 B 公司就打算在国内自己做一款手持的高精度并且价格普遍能接受的三维扫描仪出来,经过 500 多个日夜的奋战,F1 应运而生,解决了国内客户的难题。可以说这款产品是客户需求驱动开发的。

正是因为与客户不断地深入沟通,B 公司能够精准把握市场需求。公司有自己的网站、微信公众平台、微博、电话等,用于发布三维扫描领域的前沿信息、与各行各业的客户交流互动。公司 CEO 茹总的网名已广为流传,在三维扫描和 3D 打印行业有很高的知名度。他经常在自己的微博、澎湃社区等虚拟社区中与广大三维扫描仪爱好者、客户及粉丝互动,他从技术和产品经理人角度出发撰写了大量行业相关的文章,给人们带去实实在在的干货。客户通过在线渠道不断把市场需求和功能需求反馈给公司,比如三维扫描的精度、速度、手持、抗抖动、彩色等功能,公司针对这些需求信息开会做论证。"现在的客户应该算是重度参与开发,我们的公司架构也是十分开放的,我们做工业客户的时候,客户会对接资源和开发力量和我们做相当深度的合作。"茹总如是说。在 F1 开发的过程中,许多客户不断地参与调试和反馈,做了很多次的修改,而且整个过程都以线上沟通为主。调帧率、换镜头、换结构、换板子,前前后后大的改动不下十次,小的改动天天都在继续。公司经常和工业领域的客户讨论开发的技术目标以及国内外的技术走向,探讨国外对标品的一些核心参数和功能,比如针对 LMI 的对标产品就和客户探讨过,做过技术论证。F1 的研发过程可以说是在客户协同参与下版本反复迭代的过程,是历经打磨而出的一款精品。当然,由于客户自身专业能力的限制,与客户的讨论仍以参数、功能等方面的需求、技术走向等为主,在产品开发方面难以深入。由此可见,在 F1 产品开发过程中,企业-顾客信息导向互动水平很高,任务导向互动水平较高。

B 公司的企业形象是一个相当年轻、活力、尊重技术驱动的公司,公司的组织结构也是扁平化的,和客户沟通以线上沟通、聊天为主,整个沟通的方式也是非常的轻松和愉快。茹总在微博或论坛中经常和粉丝互动,帮助粉丝答疑解惑。有的客户就冲着公司的文化来买产品,甚至有的冲着公司的文化来应聘。因此,我们认为 B 公司企业-顾客关系导向互动水平较高。

3. 案例三:C 公司 HLSG 游戏开发项目

HLSG 是一款手机游戏产品,要开发出一款让玩家喜欢的游戏产品,吸取玩家的需求和意见是必不可少的。

网络游戏开发过程中邀约玩家参与测试是很重要的环节。测试主要有三种,首先是封测,邀约一些本公司现有的游戏玩家玩游戏,发现 BUG 或问题;其次是内测,到渠道上去找一些真实的玩家,以前没玩过本公司游戏的玩家,导一千至两千的量,来分析玩家的行为,更新数据,做游戏的改进;最后就是公测,公测实际上就是游戏发行了,玩家有些问题或意见也会反馈回来。反馈的渠道很多,比如公司建立了玩家 QQ 群,玩家们在群里进行讨论,比如关于游戏的攻略、心得,对游戏的意见、建议,发泄心中的不满,对于典型的问题群里有客服会第一时间给予解答,有的玩家也会和客服人员私聊。此外,还有一些第三方论坛,如百度贴吧、UC 九游论坛等,每天都有很多帖子更新。对于玩家的提问或建议,公司客服人员第一时间给予响应。以 UC 九游为例,游戏新闻、活动公告、游戏攻略、玩家评论以及其他游戏资料都发布在网站上,还有玩家论坛,玩家们可就攻略心得、问题建议等各种话题进行讨论。针对玩家的咨询、提问和各种反馈信息,公司会做跟踪统计,并将玩家意见分类汇总,对于用户提问最频繁或比较有代表性的问题要特别加以重视,从而对游戏进行改进。以上三种测试都通过线上渠道邀约玩家。有些问题也会征求玩家的意见,比如游戏的 LOGO、界面等,公司不确定玩家到底喜欢哪个,就会设计几个 LOGO 或界面,让玩家来选择、确定。在 HLSG 开发过程中,C 公司还实施了尖叫度测试,顾名思义,即看该游戏是否会让玩家"尖叫"。尖叫度测试是在现场邀约,常去的场所有咖啡店、高校或大街上等,面向学生群体和工作人群两类人群。将游戏的核心玩法部分给玩家做体验测试,看玩家的真实反应,整个过程需要5~10分钟。如果玩家觉得好玩,没什么问题,那一般认为这个游戏成功的概率就很大;如果尖叫度测试比较差,就要做原因分析,如果实在不行这个项目可能就被砍掉了。

对于网络游戏公司而言,还有很重要的一个环节是后台的大数据分析,通过玩家数据分析玩家行为,可以知道玩家到底对哪些东西感兴趣,玩家在游戏中的消费情况如何,该游戏是否具有商业价值。有时候也不能听玩家的一面之词,因为玩家都是站在自己的立场上提意见。正如杨总所说:"玩家在网上对游戏的评价很好、对公司很认同当然是件好事,说明从玩家满意度来说算成功的,但不是玩家说好就好,如果这个游戏叫好不叫卖,从商业价值上来说就不算成功。比如我们设计了一个系统玩法,自己没法验证,加到游戏里面,某一段时间就让玩家来玩,看玩家喜不喜欢,在这个活动里面他付出了多少,这个付出分两种:一种是时间付出,一种是人民币付出。两种都付出多,那说明这个活动很成功,如果只付出时间但没付出人民币,说明这个活动好玩,但没什么商业价值。我们就要分析其中的问题。"因此,玩家数据分析对公司意义重大,可以从玩家的行为中分析出游戏对企业是否有价值。

综上所述,对于C公司而言,顾客与玩家的互动主要体现在玩家共同参与游戏测试、对游戏问题或建议的反馈、玩家意见征集以及后台玩家行为的大数据分析。在游戏的设计和开发中,玩家很难深度参与进来。"玩游戏和做游戏是两个概念,一般玩家只会玩游戏、提问题。"杨总如是说。因此,我们认为C公司与顾客信息导向互动程度很高,任务导向互动程度一般。

C公司很重视玩家的满意和口碑,公司员工每天都通过QQ群、玩家社区等和玩家交流,尊重玩家并认真考虑玩家的每一句话,帮助玩家解决问题。有时候玩家提出的建议被采纳,公司会提供奖励,这些奖励都是一些虚拟的游戏里面的奖励,玩家也比较看重这些。一旦有玩家遇到BUG或给他造成负担或损失的时候,公司就会给他一些补偿,让他调整好情绪。如果觉得游戏好,有些玩家会在网上评论,比如画面超赞、运行流畅、良心游戏等诸如此类的,表达对游戏的认可。因此C公司与顾客间关系导向互动程度很高。

4.案例四:D公司MK省平台开发项目

省平台面向的客户一方面是省教育厅,另一方面就是广大教师用户。用户的需求是产品优化的推动力,从前期用户调研、产品设计过程中的用例分析到后期的用户反馈,都需要与顾客进行大量的互动,收集用户的需求和建议。在线互动的渠道有 QQ、电子邮件、微信公众号、电话等,面向大范围的用户沟通以电子邮件和 QQ 客服的形式为主。公司建立了全省教师用户 QQ 群,老师们对平台有任何意见、建议或使用过程中遇到问题都会在 QQ 群中提出,客服人员第一时间响应。公司一段时间就把关于课程建设的一些常见问题都整理出来上传到 QQ 群中供老师们参考。平台建设需要用户的通力合作,课程建设的很多环节需要用户参与来完成,比如课程视频的拍摄、视频上传、课程设计、课程管理等。用户在平台上创建课程,他们才是亲身体验过的人,他们知道哪里好用、哪里不好用,知道自己需要哪些功能,能给公司提供很多优化建议。有时候老师们在 QQ 群中提出的意见和建议会引起其他老师的共鸣或评论,比如平台某项功能不实用或使用起来很不方便,会在群中引发关于这一问题的开放性讨论。公司对老师提的每一个问题、每一句话都非常重视,客服人员都会第一时间响应,并进行一对一的沟通和服务。公司还邀请了一些在网络课堂方面比较有经验的教师,建立了教师顾问团队,与他们建立了紧密的关系,他们会不断地为公司提供意见和建议。当然,与老师们的讨论仍以功能优化、模块设置等需求方面为主,真正涉及产品开发时,老师们是很难参与进来的。除了个别老师基于自身的专业基础,提供一些开发建议,如曾有理工科的教师在管理题库时,遇到了公式无法录入的问题,有高数老师会建议用 Latex 表达式来做在线的公式编辑器,这个给了公司启发。

由此,我们认为 D 公司在 MK 省平台开发过程中与顾客信息导向互动水平很高,任务导向互动水平一般,关系导向互动水平较高。

将以上案例描述进行归类和总结,可以发现多种形式的企业-顾客在线互动在四个案例中都有明显体现,进一步验证了我们在第 2 章中关于企业一顾客互动的维度划分:信息导向互动、任务导向互动和关系导向互动。当然,在四个案例中这三个维度的表现水平还是有差异的,每个案例中可能在某个方面或某些方面比较突出。

3.3.2　知识共创编码分析

本研究主要围绕内向型知识共创和外向型知识共创两个特征维度进行有关知识共创的数据信息收集。内向型知识共创是基于企业逻辑的,指企业获取顾客知识,在企业内部经过共享、整合、利用,进而创造出新的知识;外向型知识共创是基于顾客逻辑的,指顾客利用企业提供的知识和资源,与自身拥有的知识与技能相融合,进而发展出新的知识。四个案例的知识共创编码结果见表3-5。

表3-5　四个案例的知识共创编码结果统计

编码	二级编码	典型引语举例	对应案例
知识共创	外向型知识共创	客户可以给我们提供一些思路,有些东西他自己已经研究过了,如界面怎么美观,有时候我们的思维可能比较局限,顾客的思路会向外面发散(A-R$_2$-2,刘经理)	案例一
		特别是一些专业能力比较强的客户,比如L高校的徐老师,他本身就是计算机或软件专业出身的,这样的客户在产品开发的各个阶段都能从专业角度给我们提出很多创新性的想法和建议(A-R$_2$-9,刘经理)	
		一个需求想法提出来,可能有很多种方案可以实现它,有很多条路可以走,我可以帮他们指一条最近的路。因为我知道这样可以用计算机语言去实现,我提出来的意见会更有可行性。不是计算机专业出身的人,可能他的想法是好的,但很难实现(A-R$_4$-2,徐老师)	
		客户提出来业务毕竟要通过技术架构去实现,但很多客户不懂技术架构,当我们把技术架构实现原理告知客户后,客户会提出更优的解决办法(A-R$_3$-12,熊先生)	
		客户对需求的定义是相对感性的,我们需要把客户的需求语言转换为技术语言,除非是特别专业的客户,很少有客户能在产品层面上提供有实际意义的解决方案,更多的是偏需求和偏想象力(B-R$_1$-10,茹总)	案例二
		客户只会表达一个想要的结果,没有预算,没有明确的技术指标,这种时候我们都会做几套方案给客户,通过我们的专业的方案,来引发客户的真实需求(B-R$_1$-12,茹总)	
		随着玩家玩游戏的时间越来越久,和其他玩家交流不断增多,对游戏越来越了解,对自己在游戏中需要什么的认识越来越深刻,有时能提出一些原创性的想法,对我们是有启发的(C-R$_1$-16,杨总)	案例三
		在游戏设计和开发过程中,玩家一般很难提出原创性的解决方案,这个对他们来说太难了,玩家只会玩游戏(C-R$_1$-9,杨总)	
		有些老师用过其他平台,他会做比较,然后给我们提供一些优化建议(D-R$_2$-7,客服小云)	案例四
		教师顾问团队的教师会根据系统的使用情况,结合他们的教学实际,提出一些建设性的意见和建议。如前期的系统我们没有题库导入功能,老师们根据他们在其他平台的使用经验,提供了题库导入的模板给我们产品团队(D-R$_1$-5,陈总)	
		在提出产品开发创意或原创性解决方案方面,目前还很少有此类用户。曾有理工科的教师在管理题库时,遇到了公式无法录入的问题。有高数老师建议我们用Latex表达式来做在线的公式编辑器,这个倒是给了我们启发(D-R$_1$-6,陈总)	

编码	二级编码	典型引语举例	对应案例
知识共创	内向型知识共创	开发人员的悟性、开发经验也很重要,客户把他的需求告诉我们,开发人员应该能马上领悟,然后快速去实现(A-R$_2$-7,刘经理)	案例一
		通过与老师们的交流我们可以了解到未来教育信息发展趋势,汲取了很多宝贵建议,对于整体业务架构的可扩展性、持续性逐渐有了清晰的认识(A-R$_3$-8,熊先生)	
		老师提出来的比如大数据共享、服务器共享方面,给公司很大启发,可以构建各个产品互联网,直接运营,一来学校可以省节省硬件服务器,公司在学生就业上着手打造互联网运营,为广大师生提供优质服务(A-R$_3$-10,熊先生)	
		客户把市场需求和功能反馈给我们,我们会开会做论证,我们内部经过讨论评级后才开放功能(B-R$_1$-4,茹总)	案例二
		企业还是逐利的,一定程度上追求的是投入和产出比,有些需求客户很积极但是技术上难以实现或者需求不可以规模化,我们也不会投入资源,如果需求体量很大,即便客户的积极性不是特别高,我们也会去开发和创新,引发需求(B-R$_1$-13,茹总)	
		玩家会在论坛或 QQ 群中咨询问题、提供各种反馈信息,我们会做一个跟踪统计,将玩家意见分类汇总,这样就知道哪些是玩家提问最频繁的问题或比较典型的问题,从而知道哪些是我们需要改进的地方(C-R$_1$-18,杨总)	案例三
		玩家在网上对游戏的评价很好、对公司很认同当然是件好事,说明从玩家满意度来说算成功的,但是玩家说好就好,如果这个游戏叫好不叫卖,从商业价值上来说就不算成功,我们就要分析其中的问题。有些负面的评价也能激励我们去改进游戏(C-R$_1$-19,杨总)	
		玩家的建议或点子我们会很慎重地去考虑,因为这对我们游戏改进、对于提高玩家的满意度都是有帮助的(C-R$_1$-20,杨总)	
		玩家行为数据对我们来说尤其重要,最终还是分析后台数据,不是听玩家的一面之词(C-R$_1$-1,杨总)	
		老师们的建议对我们很重要,会给我们很多启发,我们的很多想法或优化方案往往来自于对反馈意见的整合,这样系统才能不断地完善(D-R$_2$-8,客服小云)	案例四
		用户的反馈一般包括收到用户的反馈后,我们会组织产品、运营、研发等部门的人员进行讨论并得出解决方案。如前期的系统我们没有题库导入功能,老师们提供了很多建议,我们根据这些需求,迅速地退出了各类题型 Excel 文档和 Word 文档的题库导入功能(D-R$_1$-7,陈总)	

以下具体分析各案例的知识共创情况。

1.案例一:A 公司-L 高校科研管理系统开发项目

科研管理系统属于定制化软件,A 公司需充分吸收 L 高校的业务知识,挖掘 L 高校的潜在需求,才能开发出符合 L 高校实际需求的产品。在需求分析阶段,L 高校对于有些需求可以很明确充分地表达,而有些需求是模糊的、隐含的或者难以表达的,这时候需要开发人员通过不断地沟通、解释和引导,发掘出用户潜在的需求,或帮助用户逐渐表达出自身的需求。线上互动及时、高效、低成本,为企业和顾客的充分互动创造了很好的条件。

在开发 L 高效科研管理系统过程中,通过双方持续的沟通交流,老师们在新技术、大数据共享、人事、科研、教务等系统数据无缝对接方面提供了很多建设性建议,也使 A 公司了解到未来教育信息发展趋势,对于整体业务架构可扩展性、持续性汲取了很多宝贵建议。在业务设计上,通过经常和客户在一起评审讨论,使得公司在互联网化程度上考虑更加深入,在兼容老版本问题上,老师们也提出很多宝贵的建议。比如 L 高校提出了大数据共享、服务器共享问题,给公司启发,可以构建各个产品互联网,直接运营,学校可以节省硬件服务器,公司在学生就业上着手打造互联网运营为广大师生提供优质服务。但顾客一般从自身业务角度上提出问题和建议,不懂技术架构,公司会对此进行分析整合,将其用技术语言来实现,当公司把技术架构实现原理告知客户后,客户会提出更优的解决办法,比如科研经费管理非常复杂,当时需要和财务对接,但财务数据非常敏感,L 高校提出来以下拨单方式进行线下和线上结合解决此类问题,目前运作正常,这种方式也复制到很多高校。有些客户本身有一定的专业能力,比如 L 高校的徐老师是计算机专业出身的,在产品开发的各个阶段都能从专业角度提出更加可行的建议。由此可见,案例一中外向型知识共创和内向型知识共创水平都很高。

2.案例二:B 公司 F1 三维扫描仪开发项目

三维扫描仪技术含量比较高,在 F1 三维扫描仪开发过程中,虽与客户在线互动程度很高,但主要还是集中于客户需求的反馈。一般客户最开始对需求的定义是相对感性的,他们只会表达一个大致想要的结果,没有预算,没有明确的技术指标,然后 B 公司根据客户的描述进行整合,将客户的需求语言转换为技术语言,做几套方案供客户参考、选择。通过 B 公司专业的方案,来帮助客户加深对三维扫描仪的参数、功能和技术指标的认识，引发客户的真实需求，然后进一步通过反馈结果来修正开发需求。除非是特别专业的客户，一般很少有客户能在产品层面上提供有实际意义的解决方案，更多的是偏需求和偏想象力的方案。用户的需求也是影响 B 公司创新动力和积极性的一个因素。企业是逐利的，一定程度上追求的是投入和产出比，有些需求客户很看重，但技术上难以实现或者需求不可以规模化，一般公司也不会投入资源进行研发；而如果需求体量很大，即便客户的积极性不是特别高，公司也会去开发和创新，引发需求。由此，我们认为案例二中内向型知识共创水平很高，而外向型知识共创水平一般。

3. 案例三：C 公司 HLSG 游戏开发项目

在 HLSG 移动游戏开发项目中，玩家以提供建议或反馈问题为主，综合玩家的意见和建议，公司就知道游戏存在什么问题，哪些地方需要改进。更重要的是，玩家玩游戏的过程同时也是给企业提供数据信息的过程，通过分析玩家数据，可以准确把握玩家的喜好。分析玩家在游戏过程中时间和金钱的付出情况，可以判断玩家是否喜欢玩这款游戏，游戏是否具有商业价值，能否给企业带来利润。从访谈中我们了解到，当前游戏行业竞争激烈，真正完全原创的游戏很少，都是些微创新，比如某个游戏将某几个系统合在一起有一些创新，这样去做比较多，很难做出完全原创的东西。HLSG 就是融合了多种玩法后衍生而成的一个全新玩法。开发人员善于从其他游戏、同行和玩家行为中去借鉴，去发掘玩家的潜在需求，进而对游戏进行微创新，这对于游戏成功是必要的。HLSG 是市场上首款微竞技兵法策略手游，当前鲜有同类型游戏可供玩家选择，凭借优质的画面、独创的离线与在线即时切换的 PVP 模式和创新度较高的微竞技概念，在卡牌游戏中占据了一席之地，受到了玩家的广泛好评。因此，我们认为 HLSG 游戏开发项目中内向型知识共创水平较高。

对于外向型知识共创，一般玩家只会玩游戏，然后反馈问题或 BUG，有时也提些意见和建议，但在游戏的设计开发方面很难提出创新性的建议。玩家都是站在自己的立场上去考虑问题、提出建议，访谈中杨总提到"在征集玩家的意见时，往往不是让他们做问答题，而是让他们做选择题比较多，做问答题他们往往就会站在自己的角度去想问题，这是不客观的。玩家也很懒的，他们不愿意去做问答题。"可见玩家为企业提供创新性建议的动力不足,能力也有限。最终还是以分析玩家数据为主,游戏创新设计上受玩家启发较少。随着玩家玩游戏的时间越来越久,和其他玩家交流增多,对游戏越来越了解,对自己在游戏中需要什么的认识越来越深刻,有时能提出一些原创性的想法,对企业是有帮助的。因此,外向型知识共创水平一般。

4.案例四:D公司MK平台开发项目

对于MK平台,用户的需求是产品优化的推动力,从前期用户调研、产品设计过程中的用例分析到后期的用户反馈,都需要大量收集用户的需求和建议,并将其整合至产品开发过程中,不断改进和创新,这样才能做出符合用户需求的产品。平台的主要用户为高校老师,老师们在平台上创建课程,平台使用是否便利快捷、功能是否完善、系统是否稳定等都是用户看重的问题,他们为了使用方便会不断反馈问题和建议,收到用户的反馈后,公司会组织产品、运营、研发等部门的人员进行讨论并得出解决方案,很多想法或优化方案往往来自于对反馈意见的整合,这样系统才能不断地完善。如前期的系统我们没有题库导入功能,老师们提供了很多建议,公司根据老师们的需求和建议,迅速地推出了各类题型Excel文档和Word文档的题库导入功能。

当然在该项目开发中,用户以提供需求信息和反馈问题为主,关于平台开发的创新性意见基本没有,除了一些老师用过其他平台,会将该平台与其他平台做比较,从而提出改进建议。偶尔遇到某个细节问题,个别老师会结合自身专业提供可行性的建议。因此该案例中,内向型知识共创水平较高,外向型知识共创水平一般。

3.3.3 新产品开发绩效编码分析

本研究中,新产品开发绩效主要从新产品开发是否达到预期的成本要求、预期的利润要求和预期的客户满意度等方面来考量。四个案例的新产品开发绩效编码结果见表3-6。

表 3-6　四个案例的新产品开发绩效编码结果统计

二级编码		典型引语举例	对应案例
新产品开发绩效		L 高校的科研管理系统项目是我们第一次研发科研管理系统,一年不到系统就投入使用,通过与 L 高校的合作,我们公司用较低的开发成本积累了丰富的科研管理系统开发经验,学校也比较满意。项目完成后,我们公司很快承接了全国各地 40 余所高校的科研管理系统开发项目,为公司创造了巨大价值,帮助公司树立了行业地位(A-R$_2$-11,刘经理)	案例一
		F1 不仅优势明显,其应用领域也非常广泛,而且这款扫描仪比市面上的固定扫描仪速度快近 10 倍,价格只有国外类似产品的五分之一左右。这款扫描仪一出炉,就有了订单(SH)	案例二
		我们的产品开发失败蛮多的,就是叫好不叫卖,本来游戏行业竞争就激烈,成功也是小概率事件,大家都在不断摸索不断努力。HLSG 从玩家喜爱度来说算成功,从商业价值上来说还不算成功,最好的游戏就是玩家又喜欢,又能赚到钱,怎么样让玩家玩得开心又赚到钱,这是最重要的(C-R$_1$-13,杨总)	案例三
		平台目前尚未开始赢利,未来可行的赢利点是高校共享课程推广到省外院校;基于我们大平台的优质课程内容,面向个人或机构;同时我们还提供课程制作服务和平台搭建服务。主要就是优质课程和技术服务了(D-R$_2$-9,客服小云)	案例四
		平台经过一年的发展,目前达到了一个相对稳定的阶段。平台上线后,我们与浙江省教育厅共同建设和运营平台,并与 10 多所高校,10 多家企业签订了战略合作协议。当然,我们的平台也在不断改进中,平台 2.0 版本正在开发和完善过程中(D-R$_1$-8,陈总)	
		关于客户满意度,从省教育厅来看,就平台搭建、内容上线、教师反馈、服务质量这一块,是比较满意的;对于教师用户,也能够基本满足在线课程的建设需求。整体算是比较满意的(D-R$_2$-10,客服小云)	

案例一 L 高校的科研管理系统项目是 A 公司首次开发科研管理系统,系统开发一年不到即投入使用,该系统的上线大大提高了 L 高校科研管理工作的效率,老师们反馈较好,总体满意度较高,且该项目使得 A 公司利用较低的开发成本积累了丰富的科研管理系统开发经验,且成功复制到很多其他高校。此项目完成后,A 公司很快承接了全国各地 40 余所高校的科研管理系统开发项目,为公司创造了巨大价值,帮助公司树立了行业地位。

案例二 B 公司的 F1 三维扫描仪是国内第一款工业级手持式单目三维扫描仪,与市场上销售的三维扫描仪相比,具备单目、双用、安全、极速、耐用、简约、拼接、多用八个方面的优势。传统固定式三维扫描仪笨重、使用不方便,而且精度难以保证,但购买进口的精度高扫描仪又往往价格非常昂贵。B 公司实现了以更低的成本获得轻巧而性能卓越的三维扫描仪。F1 三维扫描仪还没面市就有了订单。

案例三 C 公司的 HLSG 是市场上首款微竞技兵法策略手游,当前鲜有同类型游戏可供玩家选择,凭借优质的画面、独创的离线与在线即时切换的 PVP 模式和创新度较高的微竞技概念,在卡牌游戏中占据了一席之地,受到了玩家的广泛好评。HLSG 在苹果 App store 上线首日就成绩斐然,在桌面游戏类目中排行第一,在策略游戏类目排行第二,在付费总榜排行第五。从客户满意度来看,HLSG 游戏算是比较成功的,但从商业价值上来说仍不算成功。因为游戏行业本身竞争相当激烈,很多企业都在不断摸索不断努力中,C 公司作为一家新创企业,认为发展初期应重视玩家的满意度,建立玩家口碑。虽然付费总榜排行第五,但前期投入成本较大,因此利润仍未得到充分体现。

案例四 D 公司成立时间较短,2015 年 9 月 MK 平台才上线,目前仍未开始盈利,未来可行的赢利点主要基于优质课程和技术服务,如高校共享课程推广到省外院校、优质课程内容面向个人或机构、提供课程制作服务和平台搭建服务等。关于客户满意度,从省教育厅来看,主要从平台搭建、内容上线、教师反馈、服务质量等来评判,是比较满意的;从教师用户来看,目前能够基本满足在线课程的建设需求,整体还是比较满意的。平台上线后,公司与浙江省教育厅共同建设和运营平台,并与 10 多所高校、10 多家企业签订了战略合作协议。平台 2.0 版本正在开发和不断改进中。

3.4 多案例间比较研究

在对案例数据进行分析的基础上，本研究对各案例项目所涉及的关键变量进行了评判打分，并请被采访人员及专家做出审核和修正，用很高、较高、一般、低、很低五个等级依次从高到低表示了案例项目各项指标的水平，四个案例项目的数据分析结果如表 3-7 所示。本部分将所有案例企业的各个变量进行对比分析，从而归纳出企业-顾客在线互动、知识共创与新产品开发绩效各变量之间的关系，并提出初始的研究命题假设。

表 3-7 不同案例间的综合比较分析

编码	变量	案例一	案例二	案例三	案例四
企业-顾客 在线互动	信息导向型互动	很高	很高	很高	很高
	任务导向型互动	很高	较高	一般	一般
	关系导向型互动	很高	较高	很高	较高
知识共创	外向型知识共创	很高	一般	一般	一般
	内向型知识共创	很高	很高	较高	较高
新产品开发绩效		很高	较高	一般	一般

3.4.1 企业顾客在线互动与新产品开发绩效

在本书的预设模型中，本研究提出企业-顾客在线互动对新产品开发绩效有正向影响，这一点在案例研究中能找到相关证据。从表 3-7 中的数据以及前文的案例内分析可以发现，企业-顾客间在线信息导向互动、任务导向互动及关系导向互动的水平越高，越有助于新产品开发绩效的提升。例如，案例一企业-顾客在线互动三个构成要素的水平都很高，其新产品开发绩效也很高。案例二企业-顾客在线互动程度普遍较高，新产品开发绩效也处于较高水平。案例三和案例四中信息导向互动和关系导向互动程度较高，任务导向互动程度一般，相应地其新产品开发绩效处于一般水平。通过访谈，我们也获取了许多关于企业-顾客在线互动与新产品开发绩效关系的描述，具体编码结果见表 3-8。

表 3-8　企业顾客在线互动对新产品开发绩效的影响编码统计

关系说明	典型引语举例
信息导向互动与 NPD 绩效	在线互动没有时间、地域限制，及时、准确地传递了用户的需求，节约了需求采集成本，也提高了客户主动参与公司新产品研发的积极性（A-R_1-3，韩经理）
	面对面沟通需要时间和成本，因此沟通机会较少，一般都是网上或电话交流，有了这些在线渠道，我们可以很频繁地和用户进行交流，客户一有需要就可以呼我们，这样做出来产品业务更加贴近学校业务，用户使用便捷性得到很大提升，未来几年不会过时，产品生命力更强（A-R_3-7，熊先生）
	我们会把一些关于平台使用的知识发给老师，很多问题都放在群里或论坛上讨论，对于有些共性的问题，老师们看群里的讨论就知道怎么解决了，不需要来找我们，这也降低了我们的负担（D-R_2-13，客服小云）
任务导向互动与 NPD 绩效	公司还会和客户一起来设计产品，双方承担责任和利益一起共享，这样投入的产品可能会更专业，更贴近市场（A-R_3-15，熊先生）
	我们会将游戏的核心玩法部分给玩家做体验测试，玩家觉得好玩，没什么问题，那我们觉得这个游戏成功的概率就很大，比如尖叫度测试，如果这个测试结果比较差，到底什么原因我们要做分析，如果实在不行这个项目可能就砍掉了，所以可以降低游戏开发失败的风险（C-R_1-14，杨总）
关系导向互动与 NPD 绩效	经常性的问候能增进与顾客的良好关系，让用户感觉被重视，用户的意见或抱怨有人能倾听。软件产品有问题能得到及时的修正（A-R_1-5，韩经理）
	公司和客户其实要做到融合在一起，双方才能更好推进教育信息化，更有利于双方工作开展，所以和顾客聊天，哪怕关键的节假日发送一个问候也是很好的（A-R_3-13，熊先生）
	游戏好，客户对游戏品牌认可，他成为你忠实的玩家，那以后你出新的游戏他也会来玩你的游戏，这就是一种信任，他知道你这个游戏品牌，都愿意来玩，品质和口碑，需要长期积累，先建立口碑比较重要（C-R_1-12，杨总）
	我们会经常和客户进行非正式的聊天、问候等，也会做线上的调查，这样可以明确客户的需求，修正产品的开发方向（B-R_1-11，茹总）

基于上述分析,本研究提出以下初始假设命题:

命题 1:企业-顾客信息导向互动对新产品开发绩效有显著的正向影响。

命题 2:企业-顾客任务导向互动对新产品开发绩效有显著的正向影响。

命题 3:企业-顾客关系导向互动对新产品开发绩效有显著的正向影响。

3.4.2 企业-顾客在线互动与知识共创

在本书的理论预设中,本研究提出企业-顾客在线互动对知识共创有重要影响,这一假设在四个探索性案例研究中得到了支持和验证,并进一步细化了这一理论预设。

从表 3-7 可以看出,企业-顾客在线互动水平越高,相应地内向型知识共创和外向型知识共创水平也越高。这一点在案例一中表现尤为明显。本案例中,A 公司为首次开发科研管理系统,此前对高校科研管理相关业务内容知之甚少,因而需要 L 高校的通力合作。从创意概念、设计开发到交付跟踪,在软件开发的各个阶段,L 高校相关负责人贡献了大量的知识。项目开发历时一年左右,在此过程中,A 公司软件开发人员与 L 高校相关负责人主要通过在线的方式进行互动、交流、合作,如 QQ、计算机远程控制、电话等,通过对科研管理系统界面设置、模块选择、功能实现以及存在的问题等进行不断地分享和讨论,双方互相弥补知识缺口,互相启发,在交流中不断碰撞出思想的火花,促进新知识的产生,软件开发的解决方案不断涌现,使得该系统日趋完善。当双方项目成员的观点被鼓励充分表达与交流时,多样化的、创新性想法便可能在项目层面得以全面产生、分享与吸收。双方参与项目开发的人员也都建立了良好的私人关系,这进一步促进了隐性知识的分享,有利于知识的共创。软件开发过程中企业与用户的沟通次数越多,企业越能够根据用户的实际需求来加快筛选学习知识和技术,对软件开发和测试中存在的问题会理解得越透彻,用户参与越深入,用户对于自身的想法越能表达得更加充分完整,越能够对产品的设计编码和测试提出更多有价值的建议,最终提升软件开发绩效。案例二、案例三和案例四中外向型知识共创水平一般,主要原因是顾客专业知识和能力有限,在产品开发方面难以提出原创性的解决方案,缺乏创造性地解决产品创新问题的能力。但顾客能在企业的引导和启发下,对自身的内在需求有更清晰的认识,帮助企业明确顾客需求,修正产品开发的方向。因此,企业欲提高外向型知识共创水平,选择合适的顾客类型很重要。当顾客专业能力较强时,相应地外向型知识共创水平也越高。通过访谈,我们也获取了许多关于两者关系的描述,见表 3-9。

表 3-9　企业顾客在线互动对知识共创的影响编码统计

关系说明	典型引语举例
信息导向互动与外向型知识共创	交流多了,用户对软件产品的理解逐渐深入,会提出更加具有可行性的建议。特别是一些有一定专业能力的客户,产品开发的各个阶段他们都能从专业角度提出更加可行的建议,给我们很大启发(A-R$_2$-9,刘经理)
	随着玩家玩游戏的时间越来越久,和其他玩家交流不断增多,对游戏越来越了解,对自己在游戏中需要什么的认识越来越深刻,有时能提出一些原创性的想法,对游戏开发是有帮助的(C-R$_1$-16,杨总)
信息导向互动与内向型知识共创	用户会在论坛或 QQ 群中咨询问题、提供各种反馈信息,我们会做一个跟踪统计,将玩家意见分类汇总,这样就知道哪些是用户提问最频繁的问题或比较典型的问题,从而知道哪些是我们需要改进的地方(C-R$_1$-18,杨总)
	我们会随时"监视"论坛和 QQ 群中的对话,从这些对话中也能分析出一些问题,比如顾客喜欢什么样的功能,他们希望我们的平台有哪些功能,但我们目前还没有实现这些功能,我们可以知道平台有哪些不足,哪些地方需要改进和创新(D-R$_2$-11,客服小云)
任务导向互动与外向型知识共创	封测、内测、公测都需要玩家来参与,体验过了他们就能发现很多问题,提出一些建议或新点子(C-R$_1$-17,杨总)
	我们经常和客户一起讨论,做技术论证,启发是双向的,用户也常常受我们的启发,更加明确自己的需求,反过来又启发了我们(B-R$_1$-15,茹总)
	让顾客自己导入课程就是顾客参与的过程,本身需要一定的技能,顾客也更有动力去研究,一有问题或他觉得不爽他就来告诉我们(D-R$_2$-14,客服小云)
任务导向互动与内向型知识共创	我们经常搞游戏活动,比如对抗赛,邀请玩家参与,通过活动我们可以统计出很多数据,比如活动的参与度,玩家到底对哪些东西感兴趣,他对这个活动获得的物品满意度怎么样,参与活动的消费情况,产生多少商业价值。如果这个活动效果好,下次节假日我们会继续搞类似活动,不好就换一个活动(C-R$_1$-2,杨总)
	系统也是这样,比如我们设计了一个系统玩法,自己没法验证,加到游戏里面,某一段时间就让玩家来玩,玩家喜不喜欢,在这个活动里面他付出了多少,这个付出分两种:一种是时间付出,一种是人民币付出。两种都付出多,那说明这个活动很成功,如果只付出时间但没付出人民币,说明这个活动好玩,但没什么商业价值。所以我们可以从玩家的行为中分析出游戏对企业是否有价值(C-R$_1$-3,杨总)
	老师参与了课程建设的整个过程,亲身体验过,他把真实的想法、建议告诉我们,我们就能知道用户对于平台的真正需求,也能找到更多的优化方案(D-R$_2$-15,客服小云)

续表

关系说明	典型引语举例
关系导向互动与外向型知识共创	当玩家发现了一个 BUG,他提交给我们,我们就给他补偿一些游戏的资源,相当于给他奖励,那他发现 BUG 得到奖励后就变成一种动力,而不是一种烦恼,一有 BUG 或问题他就来告诉我们(C-R_1-6,杨总)
	双方参与项目开发的人员也都建立了良好的私人关系,进一步促进了隐性知识的分享(A-R_1-7,韩经理)
关系导向互动与内向型知识共创	玩家在网上对游戏的评价很好、对公司很认同当然是件好事,说明从玩家满意度来说算成功的,但不是玩家说好就好,如果这个游戏叫好不叫卖,从商业价值上来说就不算成功,我们就要分析其中的问题(C-R_1-19,杨总)
	跟老师交流多了,他们会把更多真实的想法告诉我们,使我们能了解到他们的潜在需求,如果关系不维护,那很多人可能会觉得凑合着差不多能用就行了,不会来跟你反馈太多(D-R_2-12,客服小云)
	用户对产品的认可,会激发研发人员的成就感和信心(D-R_1-9,陈总)

由此,本研究提出以下初始假设命题:

命题 4:企业-顾客信息导向互动对内向型知识共创有显著的正向影响。

命题 5:企业-顾客任务导向互动对内向型知识共创有显著的正向影响。

命题 6:企业-顾客关系导向互动对内向型知识共创有显著的正向影响。

命题 7:企业-顾客信息导向互动对外向型知识共创有显著的正向影响。

命题 8:企业-顾客任务导向互动对外向型知识共创有显著的正向影响。

命题 9:企业-顾客关系导向互动对外向型知识共创有显著的正向影响。

3.4.3 知识共创与新产品开发绩效

在前文的理论预设中,本研究提出知识整合对服务创新绩效有重要影响,这在本书的探索性案例研究中也得到了有力支持。例如从表 3-7 可以看出,案例一项目内向型知识共创和外向型知识共创水平都很高,相应地新产品开发绩效很高;案例二项目内向型知识共创水平很高,外向型知识共创水平一般,相应地新产品开发绩效较高;案例三项目和案例四项目内向型知识共创水平较高,外向型知识共创水平一般,相应地新产品开发绩效也一般。通过访谈,我们也获取了许多关于两者关系的描述,具体见表 3-10。

表 3-10　知识共创对新产品开发绩效的影响编码统计

关系说明	典型引语举例
外向型知识共创与 NPD 绩效	客户提出来业务毕竟要通过技术架构去实现,但很多客户不懂技术架构,当我们把技术架构实现原理告知客户后,客户会提出更优的解决办法,比如科研经费管理非常复杂,当时需要和财务对接,但财务数据非常敏感,L 高校提出来以下拨单方式进行线下和线上结合方式解决此类问题,目前系统运作正常,这种方式也复制到很多高校(A-R$_3$-12,熊先生)
内向型知识共创与 NPD 绩效	开发人员创造力是很重要的,虽然现在真正完全原创的游戏很少,都是些微创新,但作为开发人员,要善于从其他游戏、同行和玩家行为中借鉴,比如这个游戏我觉得哪几个系统合在一起有些创新,去发掘玩家的潜在需求,这对于游戏成功是必要的(C-R$_1$-22,杨总)

由此,本研究提出以下初始假设命题:

命题 10:内向型知识共创对新产品开发绩效有显著正向影响。

命题 11:外向型知识共创对新产品开发绩效有显著正向影响。

3.5　本章小结

本章通过对四个新产品开发项目的探索性案例研究,探讨了企业-顾客在线互动对新产品开发绩效的影响机制。本书认为企业-顾客在线互动有利于提升新产品开发绩效,这种作用部分是通过内向型知识共创和外向型知识共创这两个变量传导的。以下是由探索性案例研究推导出的 11 个初始假设命题:

命题 1:企业-顾客信息导向互动对新产品开发绩效有显著的正向影响。

命题 2:企业-顾客任务导向互动对新产品开发绩效有显著的正向影响。

命题 3:企业-顾客关系导向互动对新产品开发绩效有显著的正向影响。

命题 4:企业-顾客信息导向互动对内向型知识共创有显著的正向影响。

命题 5:企业-顾客任务导向互动对内向型知识共创有显著的正向影响。

命题 6:企业-顾客关系导向互动对内向型知识共创有显著的正向影响。

命题 7:企业-顾客信息导向互动对外向型知识共创有显著的正向影响。

命题 8:企业-顾客任务导向互动对外向型知识共创有显著的正向影响。

命题 9:企业-顾客关系导向互动对外向型知识共创有显著的正向影响。

命题 10:内向型知识共创对新产品开发绩效有显著正向影响。

命题 11:外向型知识共创对新产品开发绩效有显著正向影响。

本章提出的命题假设基本勾勒了企业顾客在线互动对新产品开发绩效的作用机制,在下一章中,本书将结合已有文献对初始假设做进一步的展开和论证。

4 企业-顾客在线互动、知识共创与新产品开发绩效关系的理论模型

通过第 3 章的探索性案例研究,本书提出了企业-顾客在线互动、知识共创和新产品开发绩效关系的 11 个理论命题,初步厘清了企业顾客在线互动各要素对新产品开发绩效的作用机制。第 3 章提出的命题假设基本勾勒了企业顾客在线互动对新产品开发绩效的作用机制,但由于上述结论是通过分析几个典型案例得出的,由于样本数量的限制和研究问题本身的复杂性,必须对上述的初始假设命题进行细化,并对概念模型进行构建与论证,以此加强结论的有效性。本章将沿着第 3 章得出的关系命题,梳理已有相关文献并从更深层次上进行理论探讨,提出企业-顾客在线互动影响新产品开发绩效的概念模型和细化假设。

4.1 企业-顾客在线互动与知识共创的关系

Kahn 和 McDonough Ⅲ(1997)认为,互动指的是组织间的相互活动,比如信息交流、会议、正式或非正式的沟通。Van de Ven(1986)也观察到,创新理念的发明或孕育可能是个体的活动,而创新(发明和实施新的想法)是一个集体的成就。组织通过促进不同个体间沟通、共享和转移知识并鼓励群体和网络中的互动来吸收、整合和创造知识(Subramaniam & Youndt,2005)。因此,新的思想和创新是个体和组织间互动的结果,共同形成一个动态的过程,不断自我更新。Sigala(2012)研究发现,新产品创意并非预先存在,而是顾客通过对话和交互形成、共同创造和提高的。先前很多研究认为顾客不能对突破性创新做出贡献,虽然顾客很难独自提出和创造突破性创新,但顾客间丰富的交互能创造新

产品,因为突破性创新不是预先存在的或为某人所有的(Sigala,2012)。Sigala (2012)还指出,顾客的种类和角色的多样性会导致更多创新性创意的产生和改进。异质性顾客的存在推动了在线顾客的互动和讨论,因为顾客们经历过许多各不相同的体验、场景和角色。企业将各种各样的顾客卷入新产品开发过程是尤为重要的,因为顾客情境和角色的多样性会促进更多各种潜在需求的识别,而不只是代表某一顾客群体;也会促进在线讨论和评论的发生,这有助于改进和提高最初由单一顾客提出的服务创意。

4.1.1 企业-顾客信息导向互动与知识共创的关系

信息交换与分享是知识共创的前提和基础。新的知识,一旦被共享和表达出来,便会产生更新的知识(Cohen,1998)。显性知识可以方便地通过现实或虚拟环境进行传播;而隐性知识的转移还会受到多种内外部因素的影响和制约,隐性知识的分享难度相对较大,需要通过更为复杂的互动和沟通过程来实现(Lundkvist & Yakhlef,2004)。随着信息技术的普遍应用,依靠信息技术进行虚拟对话的交流方式已成为支持隐性知识交流并促进隐性知识传播和共享的有效手段(郭强,施琴芬,2004)。

目前,国内外学者普遍提倡利用 IT 技术建立虚拟对话平台促进企业隐性知识的交流与共享(Dahan & Hauser,2002;Blazevic & Lievens,2008;林筠和杨雪,2006;王莉,2013)。林筠等(2008)指出,虚拟对话技术的恰当应用能有效跨越面对面交流中难以避免的时间、空间和心理等方面的交流障碍,加速隐性知识的流动和转移;同时,组织通过虚拟对话交流平台能够更加快速地获取员工的隐性知识,有利于企业实现隐性知识的综合化和系统化管理。他们通过研究发现,虚拟对话交流有利于组织对隐性知识的积累和整合,并且通过影响隐性知识向组织转移进而间接影响企业创新绩效。王莉(2013)指出,互联网能带来大规模零距离互动,产生顾客群体创造力。在线互动过程中,顾客可以随时随地向企业展示自己的创意并对他人的创意进行评估,企业则获得消费者关于新产品的创意,并综合内部团队与外部顾客的创意,从中选择最具发展前景的部分加以完善。虚拟创新社区使消费者和企业的关系发生了根本性转变,消费者由被动接收者变为主动参与者。在参与产品创新过程中,消费者拥有产品使用经验和潜在需求,甚至拥有产品设计所需的重要资源和信息,更有可能产生创造力。Sigala(2012)指出,由于人们的认知受限于当前的情境,企业需要模拟一些顾客能从中找到自我的场景。虚拟实验室等技术的运用,使得顾客可以在产品虚拟体验中产生和改进新产品创意,触发特定的情感和认知,从而使顾客更清楚自己的潜在需求并开始讨论新服务和解决方案以满足这些需求(Sigala,2012)。

因此,通过与顾客信息导向的在线互动,企业能获取顾客关于市场需求、竞争对手、产品使用经验等海量的异质性信息。而且,在线互动的匿名性、虚拟性、体验性、间接性等诸多特性都会带给人们特殊的心理效用。虚拟环境中人们可以隐藏真实身份,从而摆脱现实社会的道德、规制以及群体行为的约束,可随心所欲地表达观点,扮演在现实社会中难以扮演或不能扮演的角色。作为新产品创意来源与创意评估者的顾客可以为企业提供新鲜的想法、创造性的概念,并通过顾客与新产品开发团队、顾客与顾客间的互动交流帮助企业辨识市场机会。这些信息与企业原有知识相结合,经过提炼、整合和升华,能进一步发展出新的知识。与此同时,为有效贡献自己的知识,顾客需要获得企业的专门知识并理解其含义。信息导向互动为企业创造了对顾客进行背景知识和技能辅导的便利机会,从而有利于顾客进行与企业的知识共创(孙洪庆,2010)。创新灵感的产生需要自由、活跃、开放的思维空间,很多灵感都是在不同思想的碰撞和启发下产生的。通过信息导向的在线互动,企业可以充分利用顾客群体的异质性知识和创造力,在思维碰撞中激起创造性风暴。

因此,本研究提出如下假设:

假设 H1a:企业-顾客信息导向互动对内向型知识共创有显著正向影响。

假设 H1b:企业-顾客信息导向互动对外向型知识共创有显著正向影响。

4.1.2　企业-顾客关系导向互动与知识共创的关系

企业与顾客进行关系导向的在线互动,有利于培养顾客信任并促进其分享高质量的知识。Szulanski(2000)对知识接受方与知识发送方的关系进行论证,指出若知识接受方对接受共享知识持不积极态度,则知识发送方的知识共享态度和意愿便会降低,不利于双方之间的知识交流和沟通,反之,若双方建立信任关系,则知识共享意愿便会提高。而高的知识共享意愿可以增强隐性知识转移的动机及主动性,降低成员对参与隐性知识分享的风险顾虑、代价、预期收益等主观感受,提升隐性知识交流与分享的意愿(Leonard,1998;Nonaka,1998)。反过来,Erden(2008)提出,高知识转移意愿也能促进知识发送方和知识受体之间的相互信任和承诺,彼此间保持高度一致性的利益,减少知识发送方的防范意识和保护意识。因此,信任是知识管理和创造的关键变量,是刺激知识分享、促进知识共创的重要因素之一(Lee & Cole,2003;Abbasa,2013)。Farrell(2001)指出,建立亲密关系的成员间以信任、无拘束的思想交流和相互支持为特征,因而新思想更有可能涌现。同样地,Uzzi 和 Lancaster(2003)研究表明亲密联结促进私有知识的转移。顾客和新产品开发组织的亲密联结能促进顾客与企业分享感觉的、细腻的和专有的市场研究知识。由于对信任和互惠主义的期望,亲密关系是获取和转移有价值的个人知识的有力途径(Hansen 1999;Rindfleisch & Moorman 2001;Uzzi 1997)。Carbonell(2011)借鉴以往的研究,认为与企业建立亲密关系的顾客更有可能与企业进行独特、专有和丰富的知识交换。这种交换可能会导致对顾客问题和需求更深入地理解并最终导致优势产品的开发(Bonner & Walker,2004)。

在网络虚拟环境下,企业与顾客通过在线互动建立起友善、信任的合作关系,能有效促进企业与顾客的信息交换与相互沟通,进而提升顾客群体的创造力,并诱发更多新知识的创造(Ridings et al.,2002;Saadia & Pahlavanib,2013)。信任的氛围有助于知识的自由交流,因为决策主体会认为他们不需要保护自己免受机会主义的危害。每当有信任存在时,就会有大量的知识随时准备被创造和分享。企业告知社区成员的知识被实现,创意被执行或意见被采纳会支持信任水平,因为成员感觉到被认可从而成为企业的一部分(Sheng & Hartono,2015)。当关系亲密时,社区成员有更强烈的意愿去支持和鼓励创新思想,因为参与的个体成员感到足够自信将创新思想转变为成功的项目。如通过网络开展对顾客创意的奖励活动,既有助于企业建立起与顾客的情感联系,又激励和引导了顾客创造力。Payne 等指出,企业与顾客在互动过程中彼此影响、相互学习,尤其当顾客的意见、建议被企业聆听或采纳时,会让其体验到愉悦和满足并进一步激发创造热情(Payne et al.,2008)。

因此,本研究提出如下假设:

假设 H2a:企业-顾客关系导向互动对内向型知识共创有显著正向影响。

假设 H2b:企业-顾客关系导向互动对外向型知识共创有显著正向影响。

4.1.3 企业-顾客任务导向互动与知识共创的关系

企业-顾客任务导向互动与知识共创。Mohaghar et al.(2012)认为,顾客对自身的产品相关知识和信息是无意识的,企业应为他们提供一个场景来提取所需知识。王莉和任浩(2013)指出,顾客拥有新产品开发所需的重要信息和资源,但受专业能力所限而无法准确表达;开展创新任务导向的在线互动,有利于企业引导并获得顾客的知识贡献。Kristensson et al.(2004)指出,通过与企业的互动,普通用户能产生更具原始性和价值的创意,专业开发者和高级用户能产生更可行的创意。企业-顾客任务导向的在线互动,使顾客自身无法思考和表达的知识,在交流、沟通过程中迸发,并创造出新的思想(卫海英,杨国亮,2011)。如企业在网络创新社区发布创意征集帖子后,顾客可跟帖回复提交自己的创意,或对他人的创意发表评论。通过社区成员互相评论和思想启迪,有价值的创意和想法会源源不断地产生。

消费者拥有产品使用经验和潜在需求,甚至拥有产品设计所需的重要资源和信息,更有可能产生创造力。但由于专业知识的限制,他们可能无法清晰准确表达其需求,甚至对有些能够给他们带来惊喜和额外价值的需求,都常常无法清楚表达,此时如果企业善于引导消费者,利用网络开放平台,提供简单易用的创新工具箱,让来自全球的顾客通过这些网络功能模块,主动参与设计,就能使企业轻松获取顾客的设计思想和潜在需求(李海舰,王松,2009)。顾客经常拥有非常具有创造力的想法和见解,与企业内部存在的思想会有很大的不同,通过任务导向的互动,企业与顾客反复交换关于需求和解决方案要求的知识,双方以富于想象的方式重组互补的知识并试验出新的解决方案(Mahr et al.,2014)。例如,企业将创新工具箱提供给顾客以试验新产品结构,在给定的解决空间内,顾客能开发与他们需求相匹配的新产品创意(Franke & Piller,2004)。企业给顾客关于这些创意的反馈,并同时获得他们先前从未想到过的解决方案(Kristensson et al.,2002)。通过加强与消费者在虚拟创新社区中进行设计上的沟通交流和互动,解答创新过程中的问题,就有可能引导消费者在表达某一方面想法需求时,经历着由粗到细、由浅入深的过程转变,驱动消费者深度、充分、清晰地表达潜在需求,使得消费者个体无法表达甚至无法思考到的东西在和企业互动中得以迸发(Hargadon & Bechky,2006),最终创造出新知识。赵夫增(2009)指出,在线社区生产模式在激励和开发大众创造性方面具有优势,因为这是一种群体智慧或大众智慧(Surowieck,2005),可以从多个角度看问题,进行多学科多领域的交叉融合,因此,通过相互之间的沟通和启发,他们可能实现特定专业内部所无法实现的创新效果,这在知识创新加速和知识交叉融合的时代特别重要。

因此,本研究提出如下假设:

假设 H3a:企业-顾客任务导向互动对内向型知识共创有显著正向影响。

假设 H3b:企业-顾客任务导向互动对外向型知识共创有显著正向影响。

4.2　知识共创与新产品开发绩效的关系

Mohr & Nevin(1990)指出,高度频繁的知识共创将可能导致产品和市场成功的可能性增加。在共同创造背景下,频繁指的是企业与顾客持续反馈的数量,它也涉及共同体验的数量或在一个特定版本的开发期间与顾客发生的迭代(Cooper,1996;Thomke,2003),频繁也意味着对顾客需求的学习过程的发生程度,并导致项目开发过程中新思想的产生(Day,1994;Matthing et al.,2004)。Hong(2011)等研究表明,企业将从外部获取的顾客知识进行内部共享和创造,有利于研发团队针对性的对目标市场进行新产品开发,这也决定了产品开发是否能取得成功。Sawhney & Prandelli(2000)指出,更大的创新潜能、更好的市场需求契合、更高的顾客满意度、重要的转换成本、更短的学习错误反馈环和更低的信息模糊性,是企业跨边界知识创造的最有意义的结果。Gibbert et al.(2002)的研究发现,与顾客共同创造知识能有效提升企业新产品开发能力。与顾客合作共同创造知识,还有助于企业深入理解顾客潜在需求,从而更快更好地响应顾客。Sawhney et al.(2005)提出了知识经济时代顾客作为知识共创者的重要角色,与顾客共创知识既有利于企业新产品开发,又对顾客满意和顾客忠诚有积极作用;知识共创的良性循环,还能增加企业知识的独特性和不可模仿性,并成为潜在的企业促进自我更新源泉。Mohaghar et al.(2012)也指出,与顾客共创知识是企业确保新产品开发成功的现实需要。Sheng 和 Hartono(2015)研究了 Adobe,Dell 和 Starbucks 三家公司的在线社区,结果表明在线顾客社区中共同创造和分享知识的过程给企业带来以下收益:加快新产品开发的进程;增进与合作伙伴的关系;提高社区参与水平;创造顾客认同以及加剧产品和服务的创新。

因此,本研究提出如下假设:

假设 H4a:内向型知识共创对新产品开发绩效有显著正向影响。

假设 H4b:外向型知识共创对新产品开发绩效有显著正向影响。

4.3　企业-顾客在线互动与新产品开发绩效的关系

企业与顾客间蕴含着一种"共生关系",企业和顾客间的互动正成为价值创造和价值萃取的所在地(Prahalad & Ramaswamy,2004),通过合作互动能促使企业与顾客双方的知识互补和能力重构(Hertog,2000;Bettencourt et al.,2002)。Gupta & Souder(1998)指出,顾客的早期参与已被证明是新产品成功的一个重要贡献因素,当用户主动参与产品开发的整个过程时,产品开发平均时间花费会更短。Campbell & Cooper(1999)认为这是因为与顾客互动首先可以有效收集市场信息,也为企业提供企业内部所缺少的能力和资源,进一步地缩短开发时间和降低成本。企业与顾客间的互动能够提升对顾客需求的理解,特别是随着时间的推移这些需求的变化,并促进现有产品的修正或开发出更加满足这些需求的产品。Gustafsson et al.(2012)研究表明,无论是渐进性创新还是突破性创新,频繁互动对产品成功都有积极作用。而在线环境可以让互动合作更为便利,更为频繁。互联网可以让企业建立与顾客的持续对话,挖掘出有共享兴趣的顾客群体中的共享知识,并延伸顾客互动的范围至竞争对手或潜在顾客(Sawhney et al.,2005)。虚拟世界中的社会互动,可以用于与顾客联结,提供信息和体验,并获得顾客投入(Tikkanen et al.,2009)。本部分将对企业-顾客信息导向互动、任务导向互动和关系导向互动与新产品开发绩效的关系做更深层次的理论梳理。

4.3.1　企业-顾客信息导向互动与新产品开发绩效的关系

知识和信息是产品创新的源泉。创新通常源自于创造,而创造本身是个体智慧的结果。当组织成员积极地沟通,交流思想和信息,或彻底地头脑风暴,组织中创新的可能性会增加(O'Reilly et al.,1989)。当存在顾客参与时,企业的创新绩效由众多与顾客相关的因素所决定,其中的一个重要因素便是顾客的信息提供活动(姚山季和王永贵,2011)。服务营销、创新管理等领域的很多学者就顾客参与对创新成功的影响做了大量研究,大多数研究认为顾客拥有关于他们的偏好的独特信息和知识(Poetz & Schreier,2012;Prahalad & Ramaswamy,2004),因此,他们的参与增加了产品－顾客需求匹配成功的概率(Alam,2002),增加了企业利润和市场份额(Lau et al.,2010)。特别是那些具有超前需求的领先用户的参与会导致创新的和有利可图的新产品(Franke et al.,2006)。顾客在与企业互动过程中能提供新产品开发相关的大量信息,这些信息能帮助企业有效评估和满足顾客需求,从而降低新产品失败的风险(Ogawa & Piller,2006)。Prabhu et al.(2005)认为更广的知识面给了企业更大的应对环境变化的弹性和适应能力,知识面越广,创新的能力越强。特别地,当顾客为企业提供黏性信息时(Hippel,1994),极具创造力的创新结果就容易产生。关系营销的理论认为,来自顾客的信息可以帮助产品开发小组识别市场需求与市场机会(Fang,2008)。Milliken & Martins(1996)指出,经常的信息提供有助于企业和顾客不断地交流产品开发程序与规则进而提升产品的创新性。顾客通过分享他们的意见和想法可以积极地贡献于企业创新过程,这样形成的创新会导致更好的绩效和价值创造,不仅仅对企业,对顾客也如此,因为产品和服务是以响应顾客需求为目的而生产的(Della Corte et al.,2015)。

在网络虚拟环境下,企业与顾客可以进行高效的双向交流和互动,顾客能通过文字、图片、视频等载体,方便快捷地与企业分享知识和信息。通过信息导向的在线互动,企业能及时更新和深化顾客信息,获取顾客分享的创意和知识,从而使产品需求映射更加精准(孔鹏举和周水银,2013)。Filieri(2013)指出,在创意产生和筛选阶段,通过与顾客在线互动获取的顾客原始、新颖和可行的想法,对企业开发出更好满足顾客需求的新产品十分关键。企业与顾客信息导向的在线互动,还有利于增加顾客知识存量,加深其对产品的理解和认识,从而能为新产品开发提出更切实可行的想法和建议。

因此,本研究提出如下假设:

假设 H5:企业-顾客信息导向互动对新产品开发绩效有显著正向影响。

4.3.2 企业-顾客关系导向互动与新产品开发绩效的关系

合作创新是一个资源整合过程,以合作各方的彼此信任为基础。Cook & Emerson(1978)指出,关系投资可以增强相互间的承诺与信任。许多研究表明,与顾客建立有目的、及时的关系沟通体系,会对顾客参与意愿产生积极影响

(Ritter & Walter,2003)。当企业对顾客的关系投资水平提高时,可以建立双方间的关系秩序、规则及减少可能的非法行为(Wright & Lockett,2003)。换言之,通过关系投资,有利于形成并执行企业与顾客双方合作共赢的理念,从而形成企业与顾客之间的相互依赖状态(姚山季,2010)。

企业与顾客间开展关系导向的在线互动,有利于双方通过社会交往和情感交流构建起亲密关系,激发顾客的品牌情感和共鸣,满足顾客被关怀、认同和尊重的心理需求,增强顾客感知价值和企业认同度,从而进一步提高顾客参与企业新产品开发的积极性。创新情境下的合作相关研究表明亲密关系会促进知识的获取和利用(Rindfleisch & Moorman,2001),使有效的沟通成为可能(Madhavan & Grover,1998),并能避免误会和冲突(Sivadas & Dwyer,2000)。拥有亲密关系的企业和顾客也更易于将他们互补的知识"捆绑"在一起以实现无法单独实现的目标(Rindfleisch & Moorman,2001)。与顾客建立亲密的关系,能为企业提供获取新产品开发所需信息和知识的渠道(Alam,2013)。Souder et al.(1998)和Sherman et al.(2000)强调研发团队应该在产品开发期间与顾客直接互动并与他们建立关系,这将大大有利于新产品开发。Uzzi & Lancaster(2003)认为亲密联结提供创新实践的原材料和一种能减少试验新实践风险的治理结构。Rindfleisch & Moorman(2001)研究显示关系嵌入和产品创造性正相关。Carbonell(2011)研究发现,企业与顾客建立亲密关系可能对上市速度有正向影响。首先,建立亲密关系的顾客通过注意关键信息能加速新产品开发的进程。例如,Uzzi & Lancaster(2003)研究显示,亲密顾客增加了对适合于企业的知识的匹配和筛选。因而让亲密顾客参与新产品开发能减少企业使所获知识适用于特定需求需花费的努力和成本,从而加速开发进程。其次,亲密联结意味着知识能被快速获得(Fang,2008);最后,相比于在突发的精神欢快中发现彼此的偶然状态,当参与的顾客和开发者之间有一种亲密关系时,产品开发过程倾向于更加平稳(Leonard-Barton & Sinha,1993)。Rindfleisch & Moorman(2001)为顾客关系嵌入和上市速度提供了实证支持。Bonner & Walker(2004)通过研究也发现有亲密关系的顾客参与NPD组织和新产品优势正相关。

互动不仅使企业了解了顾客,也让顾客熟悉了企业。随着时间的推移,企业与顾客逐渐熟悉对方的意图,并发展出了相互理解的模式,他们逐渐变得互相信任,分享资源,分担责任,并在他们之间逐渐发展出了社会联系(Mahr et al.,2004)。企业与顾客间关系导向的在线互动,是双方建立信任关系的有效途径。通过互动可以消除彼此的陌生感和潜在的感知风险,尤其让顾客感觉到企业在顾客导向上所做的行动和努力,体验到在互动中存在的被尊重和被满足的价值(卫海英和杨国亮,2011)。根据人际交往理论,双方的信任是关系继续发展的基础。企业与顾客间的相互信任,能丰富顾客对企业和品牌的情感,降低交易成本和机会主义行为风险,并从而提高合作创新和新产品开发绩效。通过关系导向的互动,企业和顾客逐渐发展出了对彼此需求的理解,并有了共同语言,这使得知识转移成为可能(Hansen,1999)。亲密的企业-顾客关系意味着信任,这种信任减少了正式规制或监督机制的需要,使得顾客更加积极地分享和合作,合作各方能够积极解决困难和冲突,能以较低的成本共创知识,并使所创造的知识更加契合企业新产品开发项目的需求。特别地,在顾客参与新产品开发的网络情境中,企业与顾客信任关系的建立,可以使得共享与整合双方的市场信息变得更加容易(Ghoshal & Tsai,1998)。这种信息共享和整合会进一步产生新的市场观点与见解,显然,这有助于提升企业的创新绩效。

因此,本研究提出如下假设:

假设 H6:企业-顾客关系导向互动对新产品开发绩效有显著正向影响。

4.3.3　企业-顾客任务导向互动与新产品开发绩效的关系

企业-顾客任务导向的在线互动,是一种积极的市场导向新产品开发策略。在任务导向互动过程中,由于顾客深入地参与创新活动,必然使得企业与顾客要进行深层次的信息与知识共享,共同完成新产品开发任务。Lengnick-Hall(1996)早就指出,与顾客共同开发是一种有利于企业价值创造的活动,不仅突出了顾客的重要性,而且还能提升企业的技术创新能力。当企业与顾客进行任务导向的互动时,新产品开发活动就会变成一个联合解决问题的过程,这可以促进企业与顾客相互协调,并共同解决合作中所遇到的问题,从而提升新产品创新程度(Gerwin,2004)。Fuller et al.(2006)的案例研究表明,顾客在网络虚拟社区中提供问题解决方案的详细程度和质量是显而易见的,这些方案在市场潜力、新颖程度和技术可行性等方面均有较大价值,部分顾客的思路和建议对企业研发和销售部门来说甚至是全新的。当然,企业与顾客共同开发的程度越深,企业就越难以脱离顾客而进行单独的开发活动(Fang,2008),此时顾客贡献自己独特信息和知识的意愿也就越强,这使得企业创新绩效提升的可能性大大增加。Jeppesen(2005)也指出,企业将特定开发任务交给顾客,允许他们创造自己期望的产品特征,能提高顾客满意度和新产品开发绩效。与顾客开展产品讨论、问题解决等在线互动合作,鼓励顾客提出、评价、讨论、票选创意和新产品改进思路,能帮助企业及时发现、理解和满足顾客潜在需求,获取更广泛的顾客知识和新产品开发创意。任务导向的在线互动使顾客能有效参与创新相关任务,获得更大的自由空间去探索、发现和创新,为企业提供更多满足顾客潜在需求的创新性解决方案,从而有利于提高新产品开发成功率(Witell et al., 2009)。

Gruner & Homburg(2000)认为,共同开发可以体现在产品创新的各个阶段。在各阶段中,企业与顾客可以进行各种各样的共享、合作活动,从而提升新产品开发的绩效水平。互联网也使得企业与顾客互动合作的可能性大大增加。比如在产品设计阶段,参与顾客的角色为共同创造者。企业在互联网上建设虚拟实验室或者开发虚拟现实系统,邀请顾客参与其产品设计。在3D模拟软件、多媒体技术、虚拟控件等技术的支持下,可以实时展现可供选择的功能选项、外观设计、技术条件约束及成本限制、价格限制等要素,顾客可以根据自己的需求和偏好,点击鼠标并通过简单的拖拽等动作设计并虚拟组装自己理想的产品(于立华,2010)。此时,顾客不再只是被动地接受产品设计方案,而是主动贡献他们的智慧与技能。顾客还可以帮助企业检验新产品开发创意或概念,并验证产品结构与功能设计,还可以帮助企业了解消费者对产品各种功能属性的不同重视程度以及对可选方案的偏好和评价。这将有助于企业开发符合市场需求的产品,降低新产品开发失败的风险。企业也可以将产品虚拟原型展示在虚拟现实环境中,顾客从购买者的角度对产品进行全方位的虚拟观察体验,并将体验后的感受反馈给企业。这样,可以使企业在新产品开发的早期阶段及时发现产品设计的缺陷,降低产品开发的成本,还可以根据顾客反馈确定产品价格范围或调整产品成本预算。此外,虚拟产品体验经历也可以使顾客产生心理上的满足感和愉悦感,他们可能因此而成为新产品的宣传者与推荐者。这些都为新产品上市后的市场表现奠定了良好基础(于立华,2010)。

因此,本研究提出如下假设:

假设 H7:企业-顾客任务导向互动对新产品开发绩效有显著正向影响。

4.4 理论模型构建

在理论假设基础上,本书构建了企业-顾客在线互动、知识共创和新产品开发绩效关系的概念模型(如图 4-1 所示)。

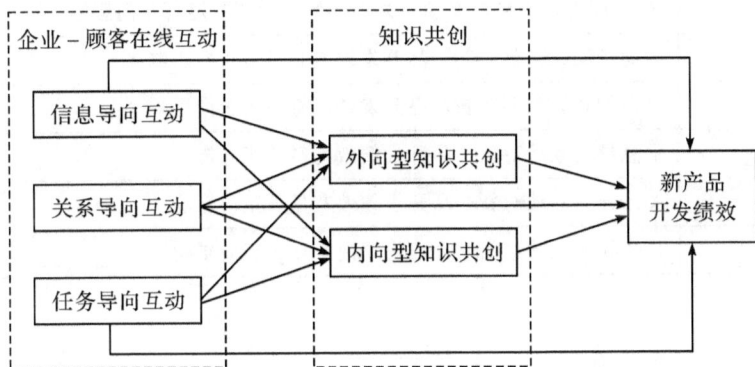

图 4-1 企业-顾客在线互动、知识共创和新产品开发绩效的关系模型

4.5 本章小结

本章在第 3 章探索性案例研究得出的关于企业-顾客互动对新产品开发绩效的影响机制的初步假设命题基础上,对现有相关文献进行进一步梳理和理论推导,进行了更为深入的分析。运用信息导向互动、任务导向互动和关系导向互动三个维度来表征企业-顾客在线互动,并把知识共创划分为外向型知识共创和内向型知识共创两个维度,深刻剖析了企业-顾客在线互动通过促进外向型和内向型知识共创进而提升新产品开发绩效的作用机制。通过推理论证企业-顾客在线互动与新产品开发绩效之间的关系,提出了相应的 11 个假设,汇总如表 4-1 所示。本书认为企业-顾客在线互动的三个维度对新产品开发绩效都有显著正向影响,知识共创在两者关系中起部分中介作用。

表 4-1　企业-顾客在线互动、知识共创和新产品开发绩效关系的研究假设

假设序号	假设内容
H1a	企业-顾客信息导向互动对内向型知识共创有显著正向影响
H1b	企业-顾客信息导向互动对外向型知识共创有显著正向影响
H2a	企业-顾客关系导向互动对内向型知识共创有显著正向影响
H2b	企业-顾客关系导向互动对外向型知识共创有显著正向影响
H3a	企业-顾客任务导向互动对内向型知识共创有显著正向影响
H3b	企业-顾客任务导向互动对外向型知识共创有显著正向影响
H4a	内向型知识共创对新产品开发绩效有显著正向影响
H4b	外向型知识共创对新产品开发绩效有显著正向影响
H5	信息导向互动对新产品开发绩效有显著正向影响
H6	关系导向互动对新产品开发绩效有显著正向影响
H7	任务导向互动对新产品开发绩效有显著正向影响

5 企业-顾客在线互动、知识共创与新产品开发绩效关系的实证分析

基于第 4 章理论分析得出的企业-顾客在线互动影响新产品开发绩效的概念模型,本章将通过问卷调查的方法获取大样本数据,对上一章提出的研究框架与假设进行实证检验。首先通过信度和效度检验等方法对变量的测量题项进行检验。在此基础上进行结构方程模型分析等,检验理论假设是否成立。最后,对本章的实证研究结果进行分析与讨论。

5.1 研究设计

本研究属于企业项目层面的研究,由于研究中涉及的企业-顾客在线互动、知识共创等数据无法从公开数据资料中获得,因而采用问卷调查的方式进行数据收集。本研究结合已有研究文献和量表、对相关企业的实地调研以及专家意见进行调查问卷设计,通过问卷发放、数据收集、变量测量和数据分析等步骤展开实证研究。

5.1.1 问卷设计

1.问卷的基本结构

完整的问卷设计应包含理论构思与研究目的、问卷格式、问卷测量题项和问卷语言四个方面。其中,研究目的决定了问卷的内容构思和子量表。问卷中不应出现词不达意、语句唐突或带有诱导性的题项,尽量避免多重含义或隐含某种假设,各题项的语言应明确、具体,不能含糊不清或过于复杂。此外,用词也不能太抽象以防止反应定势(王重鸣,1990)。

本研究主要围绕企业-顾客在线互动、知识共创和新产品开发绩效及中间的作用机制进行问卷设计,力争为本研究提供有效的数据。基于前文的理论模

型和研究假设,问卷量表中需要测量的主要变量包括:企业-顾客在线互动(信息导向互动、关系导向互动、任务导向互动)、知识共创(外向型知识共创、内向型知识共创)和新产品开发绩效(参见附录2)。本研究的调查问卷主要涵盖了以下几部分内容:①企业基本信息,包括企业名称、企业总部所在地、企业性质、行业领域、设立年限、员工总数等,这些数据用于分析样本企业的整体概况;②问卷填写者的个人信息,包括所在部门、职位、在该企业工作的时间等;③企业-顾客在线互动情况,由信息导向互动、关系导向互动和任务导向互动三个维度构成,每个维度包含四个测量题项;④知识共创情况,由外向型知识共创和内向型知识共创两个维度构成,每个维度包含三个测量题项;⑤新产品开发绩效情况,通过三个测量题项进行测量。

2.问卷设计步骤

合理的问卷设计是保证研究数据的信度和效度的重要前提,决定了分析结果的有效性和可靠性。本研究参照 Churchill(1979)、Seaker & Waller(1994)、彭新敏(2009)等学者提出的建议,采取以下步骤进行问卷的设计:

(1)通过文献回顾和对企业界的访谈调查形成问卷题项。对企业-顾客在线互动、知识共创和新产品开发绩效等已有国内外文献进行阅读分析,根据本研究对各变量的操作性定义,借鉴其中经典文献的量表及理论构思。假如没有可借鉴的适当量表,则根据变量定义,利用深度访谈和实地调研获得的信息自行设计相应的测量项目,并结合案例研究成果,形成问卷大纲。然后深入多家企业进行实地调研,针对问卷题项与多家企业的总经理、技术总监、项目经理、营销总监、客服经理等不同岗位的人员进行了沟通,形成了本研究的问卷初稿。

(2)与研究团队的专家讨论,对问卷题项进行修改。问卷初稿形成后,在笔者所在的科研团队学术例会上进行讨论,广泛征求各位专家的意见。在问卷题项的设计、措辞和科学性等方面,研究团队的教授和博士生们提出了宝贵的意见和建议,笔者根据这些建议对问卷内容进行了局部调整和完善,形成了问卷的第二稿。

(3)征求企业界人士意见。与4位具有良好管理知识和经验的企业中高层管理人员进行了深入交流,针对问卷中的关键问题征求他们的意见,包括企业-顾客在线互动、知识共创和新产品开发绩效等变量的理解问题,以及变量之间的逻辑关系是否能反映企业的实际情况等,最终使得问卷题项能被企业界人士清晰地理解,形成了第三稿问卷。

（4）通过预测试与纯化，最终问卷定稿。将问卷发给曾主持或参与过新产品开发项目的企业人士进行预测试，根据他们的反馈意见进行量表的初步检验分析，对问卷做进一步的修改和完善，形成调查问卷的终稿（参见附录2）。

3.问卷防偏措施

由于本研究的问卷回答主要建立在应答者的主观评价之上，因此可能会导致数据结果出现偏差。根据 Fowler(1988)所提出的可能造成答卷者的回答出现偏差的四大主要原因，即应答者不了解该问题的答案、问题所涉及的信息应答者无法回忆、应答者不愿意回答、所问的问题应答者不能理解，本研究采取以下防范措施，以提高问卷测度的客观性和准确性：

（1）针对应答者不了解该问题答案的情况，本研究选择了曾参与新产品开发项目、并对项目整体运作情况较为熟悉的项目经理或核心成员来填写问卷。

（2）针对问题所涉及的信息应答者无法回忆的问题，本问卷题项所涉及的问题尽可能针对企业最近的新产品开发项目回答，或者是近三年内的项目。

（3）针对应答者不愿回答的问题，本问卷在卷首即交代了本研究的目的，内容不涉及企业商业机密，并承诺对问卷所获的信息予以保密，以及本研究成果可与感兴趣的答卷者分享。

（4）针对应答者不能理解所问的问题，本问卷在设计过程中广泛听取企业界和学术界专家的意见和建议，并对问卷进行预测试，对问卷的表述与措辞字斟句酌，反复修改与完善，以防出现题项难以理解或表意含糊不清的情况。

5.1.2 变量测量

本研究需测量的变量包括企业-顾客在线互动各维度、外向型知识共创、内向型知识共创、新产品开发绩效等，对变量的测度方式采用主观评价法。在量表刻度的选择上，采用 Likert7 级量表形式对各变量进行测量。数字 1 至 7 依次表示应答者对某个问题的反映强度或态度从完全不同意逐渐向完全同意过渡，或者从很低逐渐过渡到很高，其中 4 表示中立态度或中间状态。以下将对本书概念模型中涉及的主要变量的测量做具体介绍。

1.新产品开发绩效的测量

本书以新产品开发绩效作为被解释变量。新产品开发是一个范围广、跨学科的研究领域，新产品开发绩效也是一个被不同学术领域的研究者广泛研究的重要变量。对相关文献进行梳理后发现，由于研究者关注的焦点不同，对于新产品开发绩效的测量目前尚未形成一个公认的测量体系,究其原因主要是新产品开发过程与产出的复杂性和多样性所致。新产品开发绩效通常难以衡量,学者们从不同角度、运用不同指标进行测量。

Cooper & Kleinschmidt(1987)指出新产品开发绩效包含财务绩效、机会窗口和市场影响三个维度。Barczak & Gloria(1995)认为应根据以下四个指标来衡量新产品开发绩效:(1)销售额低于目标水平、超过目标水平或维持一定水平;(2)是否达到目标市场占有率;(3)新产品获利率;(4)对新产品开发的整体满意度。Ulrich & Eppinger(2000)采用质量、时间、能力、开发成本和制造成本五个维度来测量新产品绩效。Spanos & Lioukas(2001)以市场地位和获利能力作为新产品绩效指标。Rauniar(2008)使用顾客满意、产品开发时间和产品成本三个指标测量新产品绩效。Ngamkroeckjoti & Speece(2008)从顾客接受程度、市场增长、销售量、市场份额、营业额增长、投资回报率六个方面测量新产品开发绩效。Islam et al.(2009)从项目符合或超过预期时间、项目预算、全体高级管理者的期望、顾客期望、销售期望、预期利润、预期市场占有率七个方面来度量新产品绩效。Bonner(2010)根据产品质量、产品特点、技术绩效和满足顾客需求程度四个指标来度量新产品开发绩效。国内学者吴家喜和吴贵生(2008)从产品质量、开发成本、开发周期、市场反应、获利能力以及客户满意度六个方面测量新产品开发绩效。汪涛和郭锐(2010)提出新产品绩效的两个构面:新产品质量、新产品开发相对于主要竞争者成功的程度。姚山季和王永贵(2011)从时间绩效、创新绩效和财务绩效三个维度测量新产品开发绩效。

综上可知,不同领域的研究者选择新产品开发绩效的测量维度和指标存在差异,但有一点是一致的,即新产品开发绩效应从多维度视角来测量,而不是局限于最终的财务结果。参考上述学者的观点,考虑到本研究的实际情况,结合有关专家意见,本研究主要从技术绩效、顾客绩效以及财务绩效三个方面,使用三个测量题项对新产品开发绩效进行测量,具体的测量题项见表 5-1。

表 5-1　新产品开发绩效的测量

构思变量	测量题项
新产品开发绩效	1. 新产品开发符合预期的成本要求 2. 开发的新产品达到了预期的顾客满意度 3. 开发的新产品达到了预期的利润目标
题项来源或依据	Cooper & Kleinschmidt(1987),Ulrich & Eppinger(2000),Rauniar(2008),Islam et al.(2009),Bonner(2010),吴家喜和吴贵生(2008)

2. 企业-顾客在线互动各维度的测量

关于企业-顾客在线互动或顾客在线参与新产品开发的实证研究仍较少见,因此在其测量方面也鲜有可以直接借鉴的量表,但现有关于企业-顾客互动或顾客参与新产品开发相关的研究也具有重要的借鉴意义和参考价值。本研究将在借鉴已有研究的成熟量表基础上,结合本研究的在线情境,根据本研究需要和企业新产品开发实际进行适当修改。

(1)信息导向互动

信息导向互动是企业与顾客在线分享和交换创新信息的活动。Lin 和 Germain(2004)对顾客参与程度采用李克特 7 级量表进行测度,共使用三个题项:"与顾客共同设计产品""从顾客处获得关于产品质量水平的信息""从顾客处获得了他们如何使用产品的信息"。Fang(2008)将顾客参与新产品开发划分为信息提供和共同开发两个维度,并运用李克特 7 级量表测量顾客作为信息提供者参与新产品开发的重要性程度,共使用了四个题项:"我们积极地将从批发商和零售商处获取的信息传递给开发团队""我们持续将批发商和零售商市场中的情况告知我们的制造商""下游顾客的需求和偏好信息的转移频繁地发生""如果我们感觉专有信息能改进元件开发,我们与原件制造商分享这些信息"。Bonner(2010)将企业-顾客互动分为双向交流、顾客参与、联合解决问题三个维度。Bonner 指出,新产品开发组织与顾客间的信息流动是双向的,双向互动意味着交互式的交流,顾客与企业一起交流分析计划和问题,提供反馈信息,并使用三个题项对"双向交流"进行测量:"很多反馈信息被提供给顾客""顾客与项目成员间频繁地进行双向沟通""顾客与项目成员间开放地进行信息交流"。卫海英和杨国亮(2011)认为,互动就是两个为了实现既定价值目标的信息主体,通过信息分享和交流,试图影响对方的认知结构和使其行为方式发生改变的过程,并在实证研究中沿用了 Bonner(2010)的量表。姚山季和王永贵(2011)借鉴 Fang(2008)的研究,使用三个题项对信息提供进行测量。

基于上述研究的测量方法,结合本书的研究内容,本书对信息导向互动的测量主要关注于企业与顾客在线分享和交换创新信息的行为和活动,使用四个题项进行测量,具体测量题项见表 5-2。

表 5-2　企业-顾客信息导向互动的测量

构思变量	测量题项
企业-顾客信息导向互动	1.顾客会通过网络与我们分享对新产品的需求和建议 2.顾客会通过网络与我们分享新产品开发所需的其他信息 3.我们会通过在线产品调研等方式获取顾客信息 4.我们会通过网络向顾客提供产品相关的知识
题项来源或依据	Lin & Germain（2004），Fang（2008），Bonner（2010），姚山季和王永贵（2011）

（2）关系导向互动

关系导向互动是以建立双方持久关系和满足情感需求为目标的在线互动。Van Dolen et al.（2007）、Kohler et al.（2011）、闫幸和常亚平（2013）等学者将企业-顾客互动分为社会导向型和任务导向型两个维度。其中社会导向型互动注重满足对方的社会和情感需求，提升双方的社会关系，而任务导向型互动目的在于完成特定的任务或义务。闫幸和常亚平（2013）认为社会性互动包含情感沟通，包括节日和日常的问候，解答粉丝问题，表达对粉丝的感谢和祝福等。戴智华等（2014）研究了顾客参与对新产品开发创新绩效的影响，将顾客参与划分为工作认知、信息提供、共同开发及人际互动四个维度，并使用以下三个题项测度人际互动："客户与我们沟通轻松灵活""客户与我们保持相互信任""客户与我们保持相互配合与支持"。根据人际交往理论，双方的信任是关系继续发展的基础，而信任会丰富顾客对企业和品牌的情感。卫海英和杨国亮（2011）认为企业与顾客互动可以促进相互了解，消除彼此的陌生感和潜在的感知风险。企业要让顾客感觉到企业在顾客导向上所做的行动和努力，在互动中体验到被尊重和被满足的价值。借鉴上述研究，结合本书的研究内容，本书使用四个题项对关系导向互动进行测量，具体测量题项见表 5-3。

表 5-3　企业-顾客关系导向互动的测量

构思变量	测量题项
企业-顾客关系导向互动	1.我们会通过网络向顾客表达问候与感谢 2.当顾客提供的创意被采纳时，我们会对顾客进行奖励或经济补偿 3.顾客会通过网络向企业表达他们的品牌情感和对企业的认同 4.顾客在网上与企业工作人员进行良好的沟通
题项来源或依据	Van Dolen et al.（2007），Kohler et al.（2011），闫幸和常亚平（2013），卫海英和杨国亮（2011），戴智华等（2014）

（3）任务导向互动

任务导向互动是企业与顾客围绕特定创新任务开展的在线合作。Auh et al. (2007)视顾客为积极的参与者,采用李克特 7 级量表测度了顾客的合作行为,共使用了三个题项:"我尽力地与我的顾问合作""我会为了使我的顾问更容易开展工作付出努力""我会在接触顾问前准备好我的问题"。Fang(2008)采用李克特 7 级量表测量顾客作为合作开发者参与新产品开发的重要性程度,使用了三个题项:"开发过程中顾客的开发努力对于完成开发任务至关重要""开发过程中顾客的工作是整体开发努力的重要组成部分""顾客以合作开发者身份的卷入非常重要"。Bonner(2010)将顾客参与定义为顾客积极地和直接地参与新产品开发活动的程度,包括面对面交互、群体讨论、工作会议、卷入项目活动等四个方面的测量题项;联合解决问题意味着顾客可能会想出项目团队未曾想到的解决方案,他们会在与项目团队真诚的合作中建构互相的知识以开发创新性的解决方案,从顾客与项目成员一起解决问题、讨论问题和开发解决方案三个方面来测量。张若勇等(2010)从合作生产、顾客接触和服务定制三个维度对顾客-企业交互进行测量。Foss et al. (2011)从顾客参与紧密合作程度、与顾客频繁沟通的程度、与顾客紧密合作战略等三个方面来衡量企业-顾客互动程度。Ramani 和 Kumar(2008)使用顾客理念、互动响应能力、顾客授权和顾客价值管理四个维度测量互动导向,共 13 个题项。姚山季和王永贵(2011)认为顾客参与新产品开发是指在企业的新产品开发活动中,顾客通过各种方式参与进来,他们不仅提供相关的思想、信息与知识,而且还会与企业联合设计、开发新产品,甚至率先测试和使用新产品。并从参与程度的视角,将顾客参与分为三个维度:信息提供、共同开发与顾客创新,其中共同开发维度借鉴 Fang(2008)的研究,使用三个题项进行测量。借鉴上述研究,结合本书的研究内容,本书使用四个题项对任务导向互动进行测量,具体测量题项见表 5-4。

表 5-4　企业-顾客任务导向互动的测量

构思变量	测量题项
企业-顾客任务导向互动	1. 顾客会在网上提交关于新产品的想法并对他人的想法发表评论 2. 我们在网上与顾客一起讨论产品开发相关的问题 3. 我们通过网络与顾客一起开展产品设计或开发活动 4. 顾客付出额外资源(时间、精力等)协助我们完成产品开发工作
题项来源或依据	Auh et al. (2007),Fang(2008),Bonner(2010),Foss et al. (2011),姚山季和王永贵(2011)

3.知识共创的测量

知识共创是企业与顾客在互动交流过程中,通过互相启发、诱导、激励,共同构建和发展新知识的过程,并将其分为内向型知识共创和外向型知识共创两类。内向型知识共创是基于企业逻辑的,指企业吸收顾客知识,在企业内部经过共享、整合、利用,进而创造出新的知识;外向型知识共创是基于顾客逻辑的,指顾客利用企业提供的知识和资源,与自身拥有的知识与技能相融合,进而发展出新的知识。Mohaghar(2012)认为知识共创是指组织与合作伙伴、竞争者、供应商和顾客相互协作以创造知识。Chesbrough et al.(2006)等指出,开放式创新包括由外而内和由内而外两种基本知识流程,即知识的外部获取和外向转移。张永成和郝冬冬(2011)在 Chesbrough et al.(2006)的基础上,将开放式创新下的知识共创分为嵌入性知识共创和外部联合创造两种方式。王莉和任浩(2013)研究了虚拟创新社区中的消费者互动和群体创造力。

借鉴上述学者的研究和测量方法,结合本书的研究内容,本书从内向型和外向型知识共创两个维度对知识共创进行测量,共 6 个问项,具体测量题项见表 5-5。

表 5-5　企业-顾客知识共创的测量

构思变量	测量题项
内向型 知识共创	1.我们能挖掘出顾客的潜在需求或顾客自己无法清楚表达的需求
	2.我们将各种不同信息和知识融合,提出新概念或产生新知识
	3.我们将各种不同信息和知识融合,产生新的产品开发解决方案
外向型 知识共创	1.顾客经常提出各种新点子
	2.顾客经常提出富有原创性而又实用的解决方法
	3.顾客能创造性地解决产品创新问题
题项来源或依据	Mohaghar(2012),Chesbrough et al.(2006),王莉和任浩(2013)

5.1.3　研究数据的获取

本研究选择具有企业-顾客在线互动经历的新产品开发项目作为实证分析对象,要求企业有顾客在线参与新产品开发经历,与顾客有持续的在线互动且对新产品开发有积极作用。本研究主要以浙江省内企业为调查对象,通过对相关企业中高层管理者及参与过新产品开发项目的研发设计部门、营销部门、客户服务部门人员的问卷调查来获取研究数据。为保证获取有效的研究数据,笔者动用了各种社会关系来发放问卷。问卷发放的途径和方式主要包括以下几种：①广泛动员家人、朋友、已经毕业的学生、工作关系等社会关系代为发放，如杭州市温州商会秘书长、杭州经济技术开发区管委会的朋友、与笔者工作单位有合作关系的企业等，主要通过 QQ 在线传送或电子邮件的方式收发问卷，并附上填写目的、要求等进行详细说明，从而提高问卷的有效性。也有部分委托朋友采用纸质问卷实地发放或笔者自己直接上门拜访的方式。另外，查找已毕业学生的工作单位，选择其中与研究主题较为契合的企业，由学生代为发放。对于委托发放的问卷，为确保问卷发放对象的准确性，笔者在问卷发放之前反复对发放者解释调研对象新产品开发项目应具有企业-顾客在线互动经历；②选择我校 MBA 班的学员作为问卷调查对象，在征得授课老师同意后，笔者将纸质问卷带入 MBA 课堂，请被调查者现场填写并回收问卷；③笔者还通过网络搜索，寻找顾客在线参与新产品开发较为成功的典型企业，通过给相关企业的微博、企业论坛版主等留言，请他们帮忙填写问卷，或加入企业 QQ 群，请群主、管理员或其他相关人员填写问卷，此法虽效率不高，但能收集到较为典型企业的数据。

问卷调查历时两个多月，共发放调查问卷 312 份，回收问卷 246 份，回收率78.5%；其中有效问卷 202 份（剔除了问卷中残缺值较多、答题选项单一重复、与研究主题不符的样本），有效率82.1%。样本企业中，制造业占 38.2%，软件和信息技术服务业占 20.5%，金融业占 18.6%，其他服务业占 22.7%。样本企业具体分布情况见表 5-6。

表 5-6　样本企业基本特征分布

企业属性	分类	样本数	百分比	累计百分比
行业类型	制造业	77	38.2%	38.2%
	软件和信息技术服务业	41	20.5%	58.7%
	金融业	38	18.6%	77.3%
	其他服务业	46	22.7%	100.0%
产权性质	国有企业	37	18.3%	18.3%
	民营企业	138	68.3%	86.6%
	三资企业	27	13.4%	100.0%
企业规模	50 人以下	41	20.3%	20.3%
	50～100 人	37	18.3%	38.6%
	101～500	41	20.3%	58.9%
	500 人以上	83	41.1%	100%

续表

企业属性	分类	样本数	百分比	累计百分比
企业年龄	2 年以下	19	9.4%	9.4%
	2～5 年	21	10.4%	19.8%
	6～10 年	38	18.8%	38.6%
	10 年以上	124	61.4%	100%

5.1.4 数据分析方法

为了验证本研究提出的研究假设,选择合适的研究方法与研究程序对于研究结果的有效性也是非常重要的。考虑到本研究涉及的变量相对较多,且变量间的因果关系十分复杂,通过问卷调查获取的研究数据也带有一定的主观性,测量误差较大,故采用结构方程模型分析法(SEM)对研究假设进行检验,以系统分析各变量间的具体作用关系。具体地,本研究对于回收的问卷数据,将进行描述性统计、信度与效度检验、结构方程分析等统计分析工作。本研究所使用的分析软件为 SPSS(Solution Statistics Package for the Social Science)17.0版和 Amos(Analysis of Moment Structure)17.0 版。

1. 信度与效度的检验

在进行统计分析之前,有必要对样本数据的信度和效度进行检验。信度表示对同一对象、采用同一观测方法得出同样测量数据的可能性,反映测量变量的一致性和稳定性。信度检验的重要方法为内部一致性检验,在 Likert 量表中常用的内部一致性检验指标是 Cronbach's α 系数,α 系数大于 0.7 则表明测量具有可以接受的信度(李怀祖,2004)。在结构方程模型分析中,则是以组合信度(CR)作为模型潜在变量的信度系数。通常当组合信度大于 0.7 时说明潜在变量具有较高的内部一致性,组合信度大于 0.5 则是内部一致性可以接受。

效度指的是测量工具能够准确测量出所需测量特质的程度。一般而言,效度(validity)检验主要考察内容效度和建构效度两个方面。内容效度旨在检测衡量内容的适切性,由于本研究采用的调查问卷中对企业-顾客在线互动、知识共创和新产品开发绩效各要素变量的问项均参考了大量相关文献,并结合专家意见和实地调研进行修正,故可认为本研究的调查问卷具有较好的内容效度。建构效度指测量出理论的概念和特征的程度。因子分析(Factor Analysis)是检验建构效度的常用方法(吴明隆,2003),本书拟通过探索性因子分析(EFA)

和验证性因子分析（CFA）来检验建构效度。一般而言，对建构效度的检验主要包括聚合效度和区别效度检验。在验证性因子分析中，一般用相互关联的因素和不相关的误差来检验建构效度（Rahim & Magner,1995）。聚合效度的主要衡量指标是 AVE（平均抽取方差），如果 AVE 大于 0.50，表明构思具有充分的聚合效度（Fornell & Larcher,1981）。如果两个变量之间的相关系数小于这两个构思变量的 AVE 的均方根，则模型的区别效度得到支持（Fonell & Larcher,1981）。

2.探索性因子分析和验证性因子分析

本研究首先采用探索性因子分析（Exploratory Factor Analysis,EFA）对测量变量的总体结构做初步分析，并针对探索性因子分析得出的结论，通过进一步的验证性因子分析加以证实。本研究主要运用结构方程模型分析，采用极大似然法进行验证性因子分析。在分析样本方面，一般而言，探索性因子分析与验证性因子分析应采用不同的样本。考虑到本研究所获取的样本数据容量有限，而上述两种分析方法对样本容量均有较高的要求，一般需达到题项数量的5～10 倍，因此本研究参考耿帅（2005）的样本处理方法，即将 202 个样本数据随机拆分为两组，第一组包含 120 个样本数据，第二组包含 82 个样本数据。探索性因子分析使用第一组共 120 个样本数据，验证性因子分析则同时使用两组共 202 个样本数据，以降低由单纯的数据原因所引致的模型检验"虚假"通过的可能性。在之后的回归分析和结构方程模型分析中，则使用全部 202 个样本数据。

3.结构方程模型分析

在信度与效度检验之后，本研究将运用结构方程模型分析来检验样本数据的拟合情况，找出模型中拟合欠佳的部分，调整并修正模型，最终产生一个最佳模型，所采用的分析软件为 Amos17.0。在结构方程模型中，一个模型是否可以被接受，通常可以参考以下几个拟合指标：χ^2（卡方）和 χ^2/DF 检验、RMSEA（近似误差均方根）、NFI（标准拟合指数）、GFI（拟合优度）、AGFI（校正拟合优度）、CFI（比较拟合指数）、TLI（非标准拟合指数，又称 NNFI）。参照大量相关文献，以上拟合指标的判别标准如表 5-7 所示。

本研究重点报告 χ^2、χ^2/DF、RMSEA、NFI、GFI、AGFI、CFI 七个拟合指数。此外，对于与路径系数相应的临界 CR 值（critical ratio）值，一般当 CR 值大于 1.96 的参考值时，说明该路径系数在 $P \leqslant 0.05$ 的水平上具有统计显著性。

表 5-7 结构方程模型拟合指标及其判别标准

拟合指标	判别标准
χ^2	一般认为 χ^2 值的显著性 $P \geq 0.05$ 时模型是可以接受的。这一指数不能直接提供模型拟合程度,在应用时需要结合自由度或其他指数(Medsker et al.,1994)。
χ^2/DF	χ^2/DF 小于 5 时,可以认为模型拟合度较好,尤其在 χ^2/DF 值小于 3 时,对 χ^2 不显著的要求可忽略不计。
RMSEA	一般认为,RMSEA<0.05 表示模型完全拟合;RMSEA<0.08 时表示拟合得较好;RMSEA<0.10 时表示模型中等拟合;RMSEA>0.1 则表明模型拟合得很差。
NFI	介于 0~1,当其值大于 0.9 时说明模型的拟合度较好,且越接近 1 越好。
GFI	介于 0~1,当其值大于 0.9 时说明模型的拟合度较好,且越接近 1 越好。
AGFI	介于 0~1,当其值大于 0.9 时说明模型的拟合度较好,且越接近 1 越好。
CFI	介于 0~1,当其值大于 0.9 时说明模型的拟合度较好,且越接近 1 越好。
TLI	介于 0~1,当其值大于 0.9 时说明模型的拟合度较好,且越接近 1 越好。

5.2 实证分析

5.2.1 探索性因子分析

1.企业-顾客在线互动的探索性因子分析

本研究采用因子分析法对各要素的测量变量进行效度检验。在进行探索性因子分析之前,需对数据进行 KMO 样本测度和巴莱特(Bartlett)球体检验,判断是否适合做因子分析。一般认为,KMO 值在 0.9 以上,非常适合做因子分析;0.8~0.9,比较适合;0.7~0.8,适合;0.6~0.7,很勉强;0.5~0.6,不太适合;0.5 以下,不适合。巴特莱特球体检验的统计值显著异于 0,可以做因子分析(马庆国,2002)。

表 5-8　企业-顾客在线互动解释的总方差（N＝120）

成分	初始特征值			提取平方和载入			旋转平方和载入		
	合计	方差百分比/%	累积百分比/%	合计	方差百分比/%	累积百分比/%	合计	方差百分比/%	累积百分比/%
1	6.445	53.705	53.705	6.445	53.705	53.705	3.249	27.071	27.071
2	1.663	13.857	67.562	1.663	13.857	67.562	3.103	25.861	52.932
3	1.181	9.846	77.408	1.181	9.846	77.408	2.937	24.476	77.408
4	0.486	4.053	81.461						
5	0.433	3.610	85.071						
6	0.380	3.169	88.241						
7	0.333	2.777	91.018						
8	0.281	2.338	93.356						
9	0.245	2.039	95.395						
10	0.197	1.642	97.036						
11	0.190	1.581	98.617						
12	0.166	1.383	100.000						

　　本研究针对第一组 120 个样本数据对企业-顾客在线互动 12 个测量题项进行效度检测，首先进行样本充分性检验，得出 KMO 值为 0.898，大于 0.7 的标准，Bartlett 显著性概率为 0.000，适合进行因子分析。在此基础上进行因子分析，采用主成分分析法提取因子，并按照最大方差法进行因子旋转，取特征值大于 1 的主成分作为因子。当各指标项的因子载荷值都大于 0.5，且累积解释方差的比例大于 50%，说明测量问卷有较好的构思效度。因子分析结果如表 5-9 所示，根据特征值大于 1，因子载荷大于 0.5 的要求，提取出三个因子，累积方差贡献率为 77.408%。各题项均按照预期分布于三个因子，且因子载荷在三个因子间均具有较好的区分度。因此，企业-顾客在线互动具有良好的效度。

表 5-9　企业-顾客在线互动测量题项的探索性因子分析结果($N=120$)

题项	因子载荷		
	1	2	3
关系导向互动 B_2	0.864		
关系导向互动 B_1	0.857		
关系导向互动 B_3	0.847		
关系导向互动 B_4	0.819		
信息导向互动 A_2		0.857	
信息导向互动 A_3		0.845	
信息导向互动 A_1		0.807	
信息导向互动 A_4		0.763	
任务导向互动 C_3			0.798
任务导向互动 C_4			0.790
任务导向互动 C_1			0.785
任务导向互动 C_2			0.766

接下来,针对第一组 120 个样本数据对企业-顾客在线互动各因子进行信度检验,结果如表 5-10 所示,各变量的 Cronbach's α 系数大于 0.8,题项-总体相关系数最低为 0.698,大于 0.35。删除某个测量条款后的 Cronbach's α 系数均比子量表总的 α 系数要小,因此,企业-顾客在线互动各变量的题项之间具有较好的内部一致性,不需要删除相关题项。

表 5-10　企业-顾客在线互动测量题项的信度检验($N=120$)

题项	题项－总体相关系数	删除该题项后的 Cronbach's α 值	Cronbach's α 值
信息导向互动 A_1	0.784	0.876	
信息导向互动 A_2	0.830	0.859	
信息导向互动 A_3	0.796	0.872	0.904
信息导向互动 A_4	0.731	0.894	
关系导向互动 B_1	0.821	0.892	
关系导向互动 B_2	0.843	0.885	
关系导向互动 B_3	0.781	0.906	0.919
关系导向互动 B_4	0.814	0.895	
任务导向互动 C_1	0.698	0.861	
任务导向互动 C_2	0.726	0.847	
任务导向互动 C_3	0.780	0.825	0.878
任务导向互动 C_4	0.754	0.837	

2.知识共创的探索性因子分析

针对第一组 120 个样本数据对知识共创 6 个测量题项进行效度检测,首先进行样本充分性检验,得出 KMO 值为 0.779,大于 0.7 的标准,Bartlett 显著性概率为 0.000,适合进行因子分析。因子分析结果如表 5-12 所示,根据特征值大于 1,因子载荷大于 0.5 的要求,提取出两个因子,累积方差贡献率为 85.428%。各题项均按照预期分布于两个因子,且因子载荷在两个因子间均具有较好的区分度。因此,知识共创具有良好的效度。

表 5-11　知识共创解释的总方差($N=120$)

成分	初始特征值			提取平方和载入			旋转平方和载入		
	合计	方差百分比/%	累积百分比/%	合计	方差百分比/%	累积百分比/%	合计	方差百分比/%	累积百分比/%
1	3.874	64.574	64.574	3.874	64.574	64.574	2.599	43.316	43.316
2	1.251	20.854	85.428	1.251	20.854	85.428	2.527	42.112	85.428
3	0.370	6.174	91.602						
4	0.208	3.469	95.071						
5	0.188	3.141	98.213						
6	0.107	1.787	100.000						

表 5-12　知识共创测量题项的探索性因子分析结果($N=120$)

题项	因子载荷	
	1	2
内向型知识共创 F_1	0.906	
内向型知识共创 F_3	0.902	
内向型知识共创 F_2	0.887	
外向型知识共创 D_3		0.931
外向型知识共创 D_2		0.876
外向型知识共创 D_1		0.839

接下来,针对第一组 120 个样本数据对知识共创各因子进行信度检验,结果如表 5-13 所示,各变量的 Cronbach's α 系数大于 0.9,题项-总体相关系数最低为 0.740,大于 0.35。删除某个测量条款后的 Cronbach's α 系数均比子量表总的 α 系数要小,因此,知识共创各变量的题项之间具有较好的内部一致性,不需要删除相关题项。

表 5-13　知识共创测量题项的信度检验($N=120$)

题项	题项—总体相关系数	删除该题项后的 Cronbach's α 值	Cronbach's α 值
外向型知识共创 D_1	0.740	0.901	
外向型知识共创 D_2	0.784	0.882	0.903
外向型知识共创 D_3	0.906	0.772	
内向型知识共创 F_1	0.849	0.887	
内向型知识共创 F_2	0.849	0.889	0.924
内向型知识共创 F_3	0.840	0.894	

3.新产品开发绩效的探索性因子分析

针对第一组 120 个样本数据对新产品开发绩效 3 个测量题项进行效度检测,首先进行样本充分性检验,得出 KMO 值为 0.752,大于 0.7 的标准,Bartlett 显著性概率为 0.000,适合进行因子分析。因子分析结果如表 5-14 所示,各题项按照预期归为一个因子,累积方差贡献率为 85.699%,因此,新产品开发绩效具有良好的效度。

表 5-14　新产品开发绩效解释的总方差($N=120$)

成分	初始特征值			提取平方和载入		
	合计	方差百分比/%	累积百分比/%	合计	方差百分比/%	累积百分比/%
1	2.571	85.699	2.571	85.699	85.699	
2	0.257	8.574	94.272			
3	0.172	5.728	100.000			

表 5-15   新产品开发绩效测量题项的探索性因子分析结果($N=120$)

题项	因子载荷
	1
新产品开发绩效 G_1	0.939
新产品开发绩效 G_2	0.927
新产品开发绩效 G_3	0.910

接下来,针对第一组 120 个样本数据对新产品开发绩效各题项进行信度检验,结果如表 5-16 所示,各变量的 Cronbach's α 系数大于 0.9,题项-总体相关系数最低为 0.802,大于 0.35。删除某个测量条款后的 Cronbach's α 系数均比子量表总的 α 系数要小,因此,企业-顾客在线互动各变量的题项之间具有较好的内部一致性,不需要删除相关题项。

表 5-16   新产品开发绩效测量题项的信度检验($N=120$)

题项	题项-总体相关系数	删除该题项后的 Cronbach's α 值	Cronbach's α 值
新产品开发绩效 1	0.858	0.857	
新产品开发绩效 2	0.833	0.877	0.916
新产品开发绩效 3	0.802	0.903	

5.2.2   验证性因子分析

采用所有样本数据,使用 SPSS17.0、Amos17.0 软件对问卷所有题项汇总进行验证性因子分析。测量模型的主要参数和拟合指数如图 5-1 和表 5-17 所示。从图 5-1 可以看出,各测量项目的标准化路径系数在 $0.75 \sim 0.90$;各要素之间的标准化路径系数在 $0.54 \sim 0.91$。表 5-17 的结果显示:各变量的 Cronbach's α 系数均大于 0.8,说明量表具有较好的内部一致性;所有问项在其所属变量上的标准化载荷系数均大于 0.6,t 值均大于 2.0,组合信度 CR 值均大于 0.8,平均提取方差 AVE 均大于 0.5;测量模型的 χ^2 值为 384.650,虽然 $P=0.000<0.05$,但 χ^2/df 的值为 2.211$<$3,因此可对

χ^2 不显著的要求忽略不计；RMSEA 值为 0.078，小于 0.08；NFI、CFI、GFI 也均基本达到要求，显示模型拟合良好。由此可见，本研究使用的量表具有较好的信度与效度，关系模型和研究假设有一定合理性，可对各变量作用关系做进一步分析。

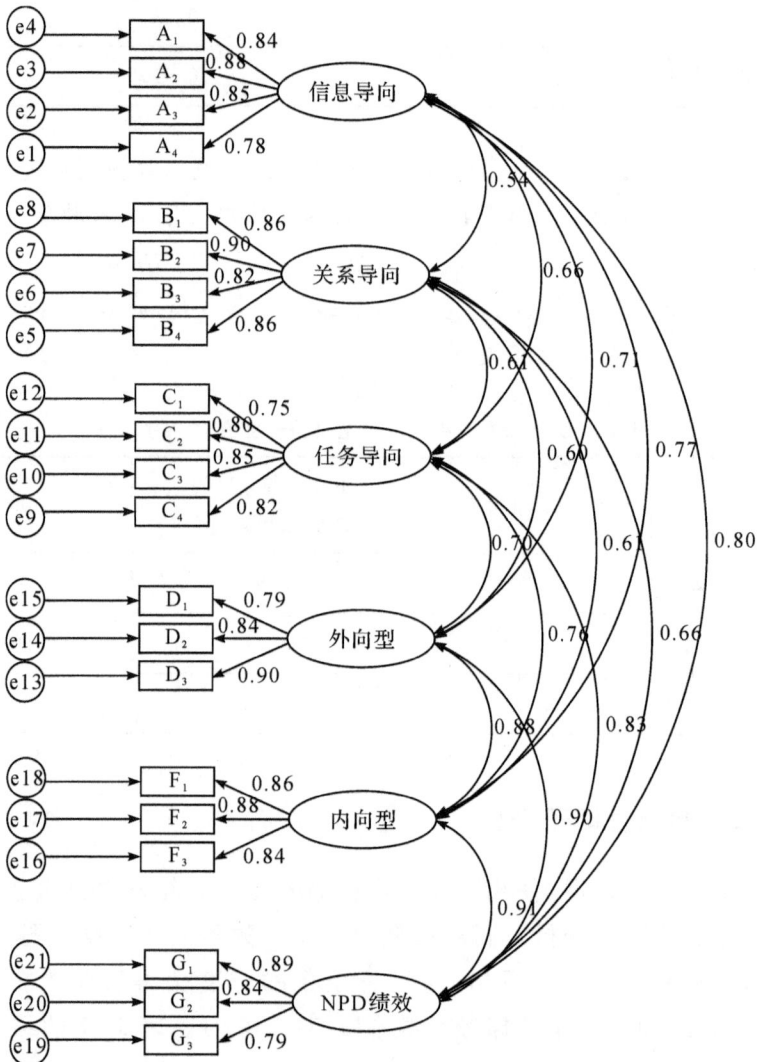

图 5-1　验证性因子分析测量模型

表 5-17 各变量的信度检验和验证性因子分析结果

变量	测量题项	因子载荷	t 值	CR 值	AVE
信息导向互动 ($\alpha=0.904$)	顾客会通过网络与我们分享对新产品的需求和建议	0.842	12.977	0.91	0.71
	顾客会通过网络与我们分享新产品开发所需的其他信息	0.883	13.744		
	我们会通过在线产品调研等方式获取顾客信息	0.853	13.179		
	我们会通过网络向顾客提供产品相关的知识	0.778	—		
关系导向互动 ($\alpha=0.919$)	我们会通过网络向顾客表达问候与感谢	0.864	16.014	0.92	0.74
	当顾客提供的创意被采纳时,我们会对顾客进行奖励或经济补偿	0.896	17.026		
	顾客会通过网络向企业表达他们的品牌情感和对企业的认同	0.816	14.523		
	顾客在网上与企业工作人员进行良好的沟通	0.862	—		
任务导向互动 ($\alpha=0.878$)	顾客会在网上提交关于新产品的想法并对他人的想法发表评论	0.750	11.704	0.88	0.65
	我们在网上与顾客一起讨论产品开发相关的问题	0.798	12.698		
	我们通过网络与顾客一起开展产品设计或开发活动	0.847	13.747		
	顾客付出额外资源(时间、精力等)协助我们完成产品开发工作	0.819	—		
外向型知识共创 ($\alpha=0.871$)	顾客经常提出各种新点子	0.792	14.564	0.88	0.72
	顾客经常提出富有原创性而又实用的解决方法	0.843	16.366		
	顾客能创造性地解决产品创新问题	0.903	—		

续表

变量	测量题项	因子载荷	t 值	CR 值	AVE
内向型知识共创 ($\alpha=0.894$)	我们能挖掘出顾客的潜在需求或顾客自己无法清楚表达的需求	0.857	15.109	0.89	0.74
	我们将各种不同信息和知识融合,提出新概念或产生新知识	0.883	15.842		
	我们将各种不同信息和知识融合,产生新的产品开发解决方案	0.838	—		
新产品开发绩效 ($\alpha=0.877$)	新产品开发符合预期的成本要求	0.894	14.665	0.88	0.71
	开发的新产品达到了预期的顾客满意度	0.840	13.470		
	开发的新产品达到了预期的利润目标	0.789	—		

拟合指数:$\chi^2=384.650(P=0.000)$,$\chi^2/df=2.211$,RMSEA$=0.078$,NFI$=0.899$,CFI$=0.941$,GFI$=0.855$。

5.2.3　结构方程模型检验

1. 结构方程初始模型

使用 Amos17.0 软件对样本数据进行结构方程模型分析和假设检验。如图 5-2 所示回执的初始结构方程模型图,导入数据拟合,得到结果如表 5-18 所示。拟合结果显示 χ^2/df 值为 2.473<3,RMSEA 为 0.086,说明模型中等拟合。从表 5-18 可以看出,"内向型知识共创←关系导向互动""新产品开发绩效←关系导向互动"两条假设路径的 CR 值分别为 1.922 和 0.946,且 P 值都大于 0.05,未能达到结构方程模型拟合要求,需要进行局部修正。

表 5-18　结构方程初始模型拟合结果

假设路径	标准化路径系数	CR 值	P 值
H1a 内向型知识共创←信息导向互动	0.441	5.573	***
H1b 外向型知识共创←信息导向互动	0.384	4.436	***
H2a 内向型知识共创←关系导向互动	0.127	1.922	0.055
H2b 外向型知识共创←关系导向互动	0.177	2.401	0.016
H3a 内向型知识共创←任务导向互动	0.413	4.767	***
H3b 外向型知识共创←任务导向互动	0.355	3.722	***
H4a 新产品开发绩效←内向型知识共创	0.309	3.194	0.001

续表

假设路径	标准化路径系数	CR 值	P 值
H4b 新产品开发绩效←外向型知识共创	0.314	4.040	***
H5 新产品开发绩效←信息导向互动	0.162	2.328	0.020
H6 新产品开发绩效←关系导向互动	0.049	0.946	0.344
H7 新产品开发绩效←任务导向互动	0.252	3.373	***

拟合指标	χ^2	df	P	χ^2/df	RMSEA	AGFI	GFI	CFI	NFI
具体数值	432.766	175	0.000	2.473	0.086	0.795	0.845	0.928	0.886

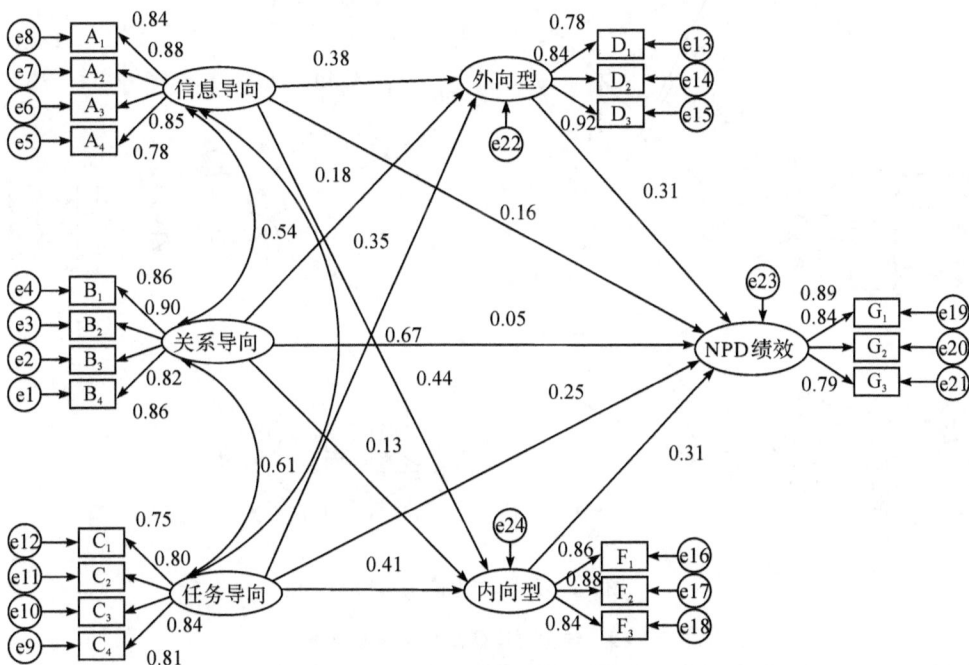

图 5-2 结构方程初始模型

2. 模型的拟合与修正

初始模型中,"内向型知识共创←关系导向互动""新产品开发绩效←关系导向互动"两条假设路径未达到拟合要求,需要对模型进行修正。依次删除上述两条路径后,获得的结构方程模型及分析结果如图 5-3、表 5-19 所示。修正模型的拟合指标显示,虽然 $P=0.000<0.05$,但 χ^2/df 的值为 2.080<3,因此可对 χ^2 不显著的要求忽略不计;RMSEA 为 0.073,小于 0.08 的参考值;NFI 为 0.904,CFI 为 0.947,均大于 0.9;AGFI 为 0.814,GFI 为 0.858,均接近 0.9;所有显变量和潜变量间的标准化路径系数均大于 0.5,对应的 CR 值均大于

1.96 的临界值,至少在 $P=0.05$ 水平上具有统计显著性;所有内生潜变量和外生潜变量间的路径 CR 值均大于 1.96,至少在 $P=0.05$ 水平上具有统计显著性。由此可见,修正模型拟合良好且比初始模型有所改善,已无进一步修正必要。结构方程模型分析结果显示,除假设 H2a 和 H6 没通过验证外,其余假设均得到有效验证。

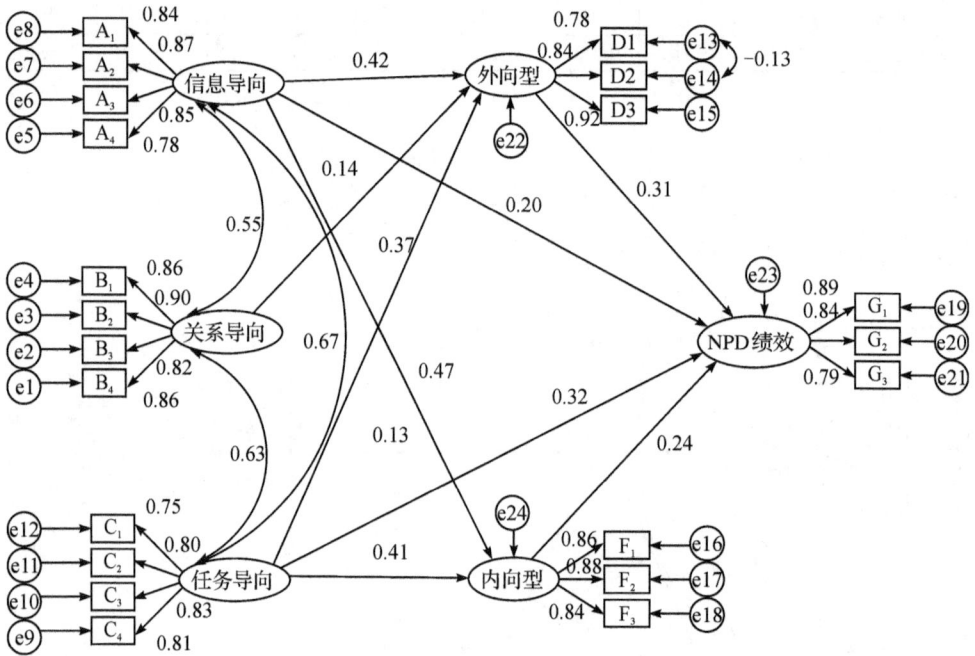

图 5-3　结构方程修正模型

表 5-19　结构方程修正模型分析结果

假设路径	标准化路径系数	CR 值	P 值
H1a 内向型知识共创←信息导向互动	0.470	5.832	***
H1b 外向型知识共创←信息导向互动	0.417	5.471	***
H2b 外向型知识共创←关系导向互动	0.138	2.200	0.028
H3a 内向型知识共创←任务导向互动	0.486	5.843	***
H3b 外向型知识共创←任务导向互动	0.366	4.322	***
H4a 新产品开发绩效←内向型知识共创	0.236	2.319	0.020
H4b 新产品开发绩效←外向型知识共创	0.307	4.122	***
H5　新产品开发绩效←信息导向互动	0.199	2.786	0.005
H7　新产品开发绩效←任务导向互动	0.323	4.156	***

拟合指标	χ^2	df	P	χ^2/df	RMSEA	AGFI	GFI	CFI	NFI
具体数值	366.127	176	0.000	2.080	0.073	0.814	0.858	0.947	0.904

5.3 分析与讨论

本研究通过对浙江省内企业的大样本调查和结构方程建模分析,对第 4 章提出的企业-顾客在线互动对新产品开发绩效作用机制的概念模型做了验证和修正,结果表明,初始研究假设大都得到了证实,企业-顾客在线互动通过知识共创的中介作用,正向影响企业的新产品开发绩效。前述研究假设的验证情况汇总如表 5-20 所示。

表 5-20 研究假设验证汇总

假设序号	假设内容	验证情况
H1a	企业-顾客信息导向互动对内向型知识共创有显著正向影响	通过
H1b	企业-顾客信息导向互动对外向型知识共创有显著正向影响	通过
H2a	企业-顾客关系导向互动对内向型知识共创有显著正向影响	未通过
H2b	企业-顾客关系导向互动对外向型知识共创有显著正向影响	通过
H3a	企业-顾客任务导向互动对内向型知识共创有显著正向影响	通过
H3b	企业-顾客任务导向互动对外向型知识共创有显著正向影响	通过
H4a	内向型知识共创对新产品开发绩效有显著正向影响	通过
H4b	外向型知识共创对新产品开发绩效有显著正向影响	通过
H5	信息导向互动对新产品开发绩效有显著正向影响	通过
H6	关系导向互动对新产品开发绩效有显著正向影响	未通过
H7	任务导向互动对新产品开发绩效有显著正向影响	通过

5.3.1 企业-顾客在线互动各维度对知识共创各维度的影响存在一定差异

实证分析结果显示,企业-顾客在线互动的信息导向、关系导向和任务导向互动三维度,对外向型知识共创均有显著正向影响,其中关系导向互动对外向型知识共创的正向影响相对较小;信息导向和任务导向互动两维度对内向型知识共创有显著正向影响;关系导向互动对内向型知识共创的正向影响则并不显著。由此可见,以信息分享和交换为主要内容的信息导向互动,以及围绕特定创新任务开展的任务导向互动,是促进外向型和内向型知识共创的主要途径。

关系导向的在线互动,虽能通过激发顾客的知识创造热情来促进外向型知识共创,但其积极作用更多地体现在维系双方信任合作关系及满足顾客情感需求等方面。

5.3.2　知识共创各维度对新产品开发绩效均有显著正向影响

实证分析结果显示,企业-顾客外向型和内向型知识共创,均对企业新产品开发绩效产生显著的正向影响。由此可见,顾客无疑是企业最重要的外部创新合作主体之一;且在企业-顾客在线合作创新中,外向型知识共创与内向型知识共创具有同等重要的作用和地位。但已有研究往往偏重于基于企业逻辑的内向型知识共创,而忽视了基于顾客逻辑的外向型知识共创。因此,充分利用网络虚拟环境,通过与顾客的各种在线互动来促进知识互补和相互启迪,以同时实现企业-顾客外向型和内向型知识共创,是企业提升新产品开发绩效的重要战略选择。

5.3.3　企业-顾客在线互动各维度对新产品开发绩效的影响路径存在一定差异

实证分析结果显示,信息导向和任务导向互动对企业新产品开发绩效有显著的直接正向影响;关系导向互动对企业新产品开发绩效的直接影响未得到有效验证。外向型和内向型知识共创在信息导向、任务导向互动与新产品开发绩效关系中起部分中介作用,间接效应和总效应分别为 0.239、0.227、0.438 和 0.550;关系导向互动则以外向型知识共创为完全中介而间接正向影响新产品开发绩效,间接效应为 0.042。由此可见,企业-顾客在线互动对新产品开发绩效的积极作用,在较大程度上是通过促进外向型和内向型知识共创来实现的,且信息导向和任务导向互动的积极作用大于关系导向互动。

5.4　本章小结

本章在第 4 章提出的企业-顾客在线互动对新产品开发绩效作用机制模型与研究假设基础上,以问卷调查方式对浙江省内 202 家相关企业进行研究,综合运用探索性因子分析、验证性因子分析、结构方程建模分析等方法,深入探讨了企业-顾客在线互动、知识共创及新产品开发绩效之间的作用机理。

　　在文献研究和探索性案例研究基础上,并结合专家意见,本章设计了企业-顾客信息导向互动、关系导向互动、任务导向互动、外向型知识共创、内向型知识共创、新产品开发绩效等变量的测度量表,并通过信度和效度检验予以调整,形成了拟合度较好的测量模型。

　　接下来,本章运用结构方程模型方法对前述提出的概念模型进行检验与修正。除了关系导向互动与内向型知识共创及新产品开发绩效的关系没有通过验证外,其余的初始研究假设均得到了验证:企业-顾客在线互动的信息导向和任务导向互动,对外向型、内向型知识共创及新产品开发绩效均有显著正向影响;关系导向互动对外向型知识共创有显著正向影响;外向型和内向型知识共创对新产品开发绩效均有显著正向影响。

6 企业-顾客知识共创的过程机制研究

前文已对企业-顾客在线互动对新产品开发绩效的影响机制进行了探索和验证,提出了知识共创的概念,并对其内涵进行了界定,理论和实证分析结果表明知识共创在企业-顾客在线互动和新产品开发绩效之间有着重要的中介作用。值得进一步思考的是,企业与顾客之间究竟如何实现知识共创? 其具体的过程机制如何? 目前关于知识共创的研究并不多见,相关的理论和实证研究都很缺乏。因此,本章将对本研究进行拓展和深化,通过理论梳理和案例分析,进一步深入研究企业-顾客知识共创过程机制问题,以弥补现有理论的不足,也为本研究提供更坚实的理论支撑。

6.1 知识创造相关研究

在知识经济时代,创新是经济和社会发展的主要驱动力,而知识在创新中发挥着无可比拟的作用,新知识的创造成为创新的原动力。知识创造相关理论为研究企业-顾客知识共创奠定了基础,因此有必要对知识创造相关研究进行梳理。

6.1.1 知识创造的内涵

1991 年,Nonaka 基于对日本和美国创新型企业的研究,在《哈佛商业评论》上发表 *The knowledge creating company* 一文,正式提出企业知识创造(knowledge creation)的概念。此后,学者们在这一领域进行了持续探索,取得了较为丰硕的理论成果。关于知识创造的内涵至今尚无统一的定义,学者们由于研究视角的差异形成了不同的认识。Nonaka & Takeuchi(1995)认为,知识创造是企业的一种创造新知识、吸收新知识使这种新知识贯穿于组织的整体能力中的创新活动,它体现在组织的产品、服务和系统之中。Drucker(1993)认为知识创造是人们通过有目的、有意识的活动而不断积累、创造和更新知识,从而放大资源利用效应。Grant(1996)由知识资源论进一步发展出企业知识基础理论(knowledge based theory),认为知识创造是企业利用知识资源的独占性、可转移性和集聚性来实现其竞争优势。Matusik(1998)的研究认为知识创造意味着企业充分利用内、外部知识资源进行知识积累、价值创造和建立竞争优势。Krogh(1998)指出知识创造就是许多具有不同知识背景的个体,通过相互协同作用加速创造各种显性知识和隐性知识的知识活动过程。李晓光(2004)认为知识创造是组织成员把创造出的知识转成产品和服务,或者转化为新的组织理念、新的组织结构和新的管理体系的活动过程。Mcfadyen et al.(2004)将知识创造看作是个人通过关系资源得到以前不曾知晓的知识。Gourlay(2006)认为知识按其属性应分为专有知识和公开知识,知识创造是这两种知识的持续互动过程。李民(2013)认为"知识创造"是个体或组织在整合知识的基础上,通过知识共享,达到显性知识与隐性知识的相互转化,完成知识的转移和扩散,最终创造出所需的系统的知识,并使之应用于实际产品的过程。Lee & Oguntebi(2012)着眼于团队层面的知识创造,认为知识创造就是团队成员通过集体学习而更新和传播知识。Krogh et al.(2012)从组织角度出发认为知识创造是企业对组织环境、知识资产和创新流程的整合,是三个活动层次的连续统一体:局部知识创造的核心层、提供知识创造资源和环境的条件层、形成组织中知识创造整体框架和方向的结构层。

由此可见,学者们主要从企业资源、知识属性、创造主体等角度对知识创造进行定义。综合以上观点可以发现,知识创造具有思考行为和实践行为双重内涵。知识资源主要根植于企业员工个体内,具有可挖掘性和可再生性,人是知识创造的首要主体。知识创造离不开个人、团队、组织之间的交互活动,已有研究普遍认同高效的知识创造需要将个人知识转化为团队及组织共享知识,并通过知识联结而形成新知识。

6.1.2 知识创造的过程模型

1995年,日本学者野中郁次郎提出了著名的SECI知识创造模型,在此基础上,很多学者结合自己的研究领域,从不同的视角出发,对该模型进行了修正与补充。随着知识资源愈加多元化和专业化，以及开放式创新理念的诞生，单一企业很难拥有开发新产品所需的全部知识和能力，跨越传统组织边界的合作知识创造逐渐成为研究的热点。特别地，随着顾客成为企业外部知识的重要来源，企业-顾客合作知识创造问题受到了学者们的重视。表 6-1 列出了部分知识创造过程相关的研究。

表 6-1　知识创造过程模型主要研究汇总

研究者	知识创造过程模型	主要观点
Nonaka (1995)	SECI 模型	知识转换共有四个模式，即社会化、外部化、联结化、内部化
Crossan (1999)	4I 组织学习模型	知识创造过程包含个体直觉、知识解释、知识整合和制度化四个阶段
Scharmer (2000)	知识创造的双重螺旋模型 SECI2	知识创造是显性知识和自我超越的隐性知识的相互转化
Holsapple & Singh (2001)	知识价值链	知识价值链划分为知识获取、知识选择、知识生成、知识内化和知识外化五个过程
Yang(2010)	EICE 模型	知识创造分为探索、开发、机构创造和组合
耿新(2003)	IDE-SECI 模型	企业知识创造的完整过程包含外部引入、传播共享、解释内化、潜移默化、外部明示、汇总组合和内部升华七个阶段，而且，在这一过程中不再有明确的起点，知识转化的方向也不再唯一
元利兴等(2003)	E-O-SECI 模型	从本体论和认识论角度研究知识创造过程
芮明杰等 (2004)	动态知识价值链	组织知识创新的过程包含知识获得、知识选取、知识融合、知识创造、知识扩散和知识共享六个阶段
党兴华和李莉 (2005)	O-KP-PK 模型	从知识位势角度出发，论述企业技术创新合作中的知识创造过程
褚建勋和汤书昆 (2006)	Q-SECI 模型	构建了基于顿悟心理的量子知识创造模型
郑承志和黄淑兰 (2010)	SIO-IE 模型	认为知识不能简单二分为隐性和显性两类，而是有一个知识内隐性-外显性谱

研究者	知识创造过程模型	主要观点
高章存和汤书昆 (2008)	IMCM 模型	提出了企业知识创造包含直觉、隐喻、编码和记忆四个环节
Holmqvist (1999)	战略联盟型知识 创造过程	组织间知识是通过两个知识库和八个知识转换过程创造的
Jakubik(2008)	合作知识创造 过程模型	从问题解决的角度,认为合作知识创造过程包含建立社区环境、定义问题、提出问题、针对可能的解决方案展开对话、采取批判的方法、一起找到解决方案、提出解决方案并采取行动、分析综合合作知识创造过程
姚威(2009)	产学研合作 创造的 GDSP 核心过程模型	产学研合作创新的知识创造过程包含知识获取、知识吸收、知识共享、知识增值
Kodama(2001)	基于顾客合作的 组织知识创造 过程模型	认为基于顾客合作的知识创造过程包括共享阶段、激发阶段、创造阶段、积累阶段
张雪和张庆普 (2012)	客户协同产品 创新过程	认为同时也是知识创造的过程,分别对应着知识的双向获取、知识选择、知识转换、知识评价、知识整合、知识利用和知识积累七个阶段

资料来源:根据相关文献整理。

1. SECI 模型

目前,国内外学者广为传播和引用的知识创造过程经典模型是 Nonaka 于 1995 年提出的著名的 SECI 模型。该模型中,野中借鉴波兰尼的观点,从认识论的角度,将知识划分为"显性知识(explicit knowledge)"和"隐性知识(tacit knowledge)"两大类,并认为人类知识是隐性知识和显性知识的相互作用而创造出来的,这个过程被称为知识转换。知识转换共有四个模式,即社会化(socialization)、外部化(externalization)、联结化(combination)、内部化(intemalization)。其中,社会化是从隐性知识到隐性知识的过程,获取渠道是观察、模仿和实践等方法,即把个人经验变成群体的共享经验,并由此创造出诸如共有心智模式和技能之类隐性知识的过程。外部化是从隐性知识到显性知识的过程，即隐性知识表述为概念的过程。它采用比喻、类比、假设或模型等形式将隐性知识明示化。组合化是从显性知识到显性知识的过程，就是将零散的显性知识综合为知识体系的过程。内在化是从显性知识到隐性知识的过程，即从组织的知识储备到个人的知识创造的转化。整个过程如图 6-1 所示。

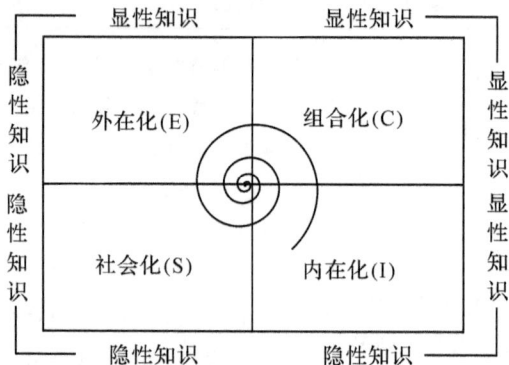

图 6-1　SECI 模型

从主体上看，组织知识的创造不仅发生在个人层次上，而且发生在群体、组织、组织之间等层次上。在不同的层次上，都存在隐性知识和显性知识间的相互作用。因此，野中提出了知识创造螺旋的概念，用来反映知识创造的全过程。野中在模型中还引入了"巴"的概念，提出了连接时间与空间的知识创造场所，对应知识转化的四种模式，有四种不同功能的巴存在，即发起巴、对话巴、系统巴和演练巴。此外，SECI 模型还从时间与活动维度把组织知识创造过程分为五阶段：分享隐性知识、创造概念、验证概念、建造原型和转移知识，而知识的四种转化模式在组织知识创造过程各个环节起着关键影响作用。

2.基于 SECI 的拓展模型

SECI 模型对知识在企业内部的动态演化有很好的解释力，为后续的研究奠定了坚实的基础。然而该模型仍然存在一些缺陷，比如许多学者认为其忽略了外部环境的力量，没有考虑组织外部知识对组织知识创造的影响。为此，很多学者结合自己的研究领域，从不同的角度出发，对该模型进行了修正与补充。

Crossan(1999)提出了从个体到组织多个层次的"4I 组织学习模型"，把知识创造过程描述为个体直觉(intuition)、知识解释(interpretation)、知识整合(integration)和制度化(institutionalization)四个阶段。Scharmer(2000)在野中和竹内弘高的知识螺旋的基础上提出了知识创造的双重螺旋模型 SECI2，SECI2 过程是显性知识和自我超越的隐性知识的相互转化。Holsapple & Singh(2001)提出知识价值链概念，将知识价值链划分为知识获取、知识选择、知识生成、知识内化和知识外化五个过程。Boisot(1999,2004)的基于信息学的视角提出了组织体系中知识资产的扩散演化模型，Boisot 首先基于知识资产的特征构建了包含知识的编码、抽象、扩散的信息空间模型，认为企业内各种类型的知识资产的演化遵循着社会学习周期理论，在信息空间内不断循环扩散。Zollo & Winter(2002)认为知识创造过程应包括知识变异、知识选择、知识复制和知识存储四个过程。Sheriff & Xing(2006)从复杂适应系统(CAS)角度研究组织知识创造模型，认为知识是在主体刺激—反应的关系认知中产生的，通过标识、内部模型、信用分派与构筑块(开发创新)等机制控制。Yang(2010)针对 SECI 模型的不足扩展提出了 EICE 模型，即探索(exploration)、开发(exploitation)、机构创造(institutional entrepreneurship)和组合(combination)。

国内学者耿新(2003)在 SECI 模型的基础上提出了 IDE-SECI 模型，认为企业知识创造的完整过程包含外部引入、传播共享、解释内化、潜移默化、外部明示、汇总组合和内部升华 7 个阶段，而且，在这一过程中不再有明确的起点，知识转化的方向也不再唯一。元利兴等(2003)从本体论和认识论角度研究知识创造过程。从本体论角度，将知识创造的过程分为 4 个层面：个体、群体、组织和组织之间；从认识论角度，知识分为显性知识和隐性知识，从而建立了基于认识论和本体论的知识创造 E-O-SECI 模型。饶勇(2003)在 SECI 模型基础上增加了社会知识的概念，并将社会知识和个人知识共同作为企业知识创造的源泉。同时认为"知识转化"只是知识生产过程的一部分，知识生产全过程还包括知识输入、知识积累和知识嵌入等环节。芮明杰等(2004)引入动态知识价值链的概念，认为组织知识创新的过程包含知识获得、知识选取、知识融合、知识创造、知识扩散和知识共享六个阶段。党兴华和李莉(2005)从知识位势角度出发，在网络环境及企业技术创新合作的背景下，以 SECI 模型的认识论、本体论为基础，结合"执行者"与"客户"的观点，构造知识创造 O-KP-PK 模型，论述企业技术创新合作中的知识创造过程。陈天阁等(2005)提出了一个由个体知识向企业知识创造演进的多维开放动态螺旋模型。褚建勋和汤书昆(2006)借鉴顿悟学习的心理学研究成果，以量子能级跃迁作为知识创造螺旋上升的理论隐喻，构建了基于顿悟心理的量子知识创造模型(Q-SECI 模型)。范道津和郭瑜桥(2008)认为 SECI 模型只描述了知识创新过程的一个特例,缺乏普遍的代表性,他提出了一个具有普遍包含性的知识转化和创新机制模型,隐性知识与显性知识之间可以通过融知创新巴或者共享转移巴来实现知识创新或转化过程。彭灿和胡厚宝(2008)提出了联盟知识创造的 BaS-C-SECI 模型。夏维力等(2009)从复杂适应系统理论角度,构建了组织知识创造的 CAS-SECI 模型。郑承志和黄淑兰(2010)认为知识不能简单二分为隐性和显性两类,而是有一个知识内隐性-外显性谱,所有的知识都可以在谱图上找到自己适当的位置,并提出知识创造的 SIO-IE 模型。高章存和汤书昆(2008)基于认知心理学提出了企业知识创造的 IMCM 模型,即包含直觉(intuition)、隐喻(metaphor)、编码(coding)和记忆(memory)四个环节。他们引入灰性知识概念,认为按知识性质分类,企业知识包括隐性知识、灰性知识和显性知识。李柏洲等(2013)基于能级跃迁理论,提出了知识创造过程的动态模型.

由此可见,目前在知识创造过程及模型研究中,缺乏对各种观点的融合,并没有取得一致的认识。学者们基于不同的理论进行研究,形成了不同的派系,而国内知识创造模型的研究受野中的知识创造理论影响更大。在研究方法上,大多为理论阐述或简单的案例分析,实证研究仍较缺乏。

3.组织间合作知识创造模型

21 世纪以来,随着知识资源愈加多元化和专业化,以及开放式创新理念的诞生,单一企业很难拥有开发新产品所需的全部知识和能力,跨越传统组织边界的合作知识创造逐渐成为研究的热点。知识创造由原来的单独在企业内部进行转向企业间合作及网络,转向人类互动过程中的知识创造,由单独创造演变为共同创造(Jakubik,2008)。知识创造效果不再单单由企业自身的知识能力所决定的,更取决于企业网络知识资源及其整合状况。Holmqvist(1999)提出了战略联盟型知识创造过程,他认为组织间知识是通过 2 个知识库和 8 个知识转换过程创造的。Grant & Baden-Fuller(2000)提供了企业间合作创造的知识基础理论。Fong(2003)针对多学科创新的项目团队提出了多学科知识创造的关键在于知识边界的突破,而知识创造的过程中的项目学习则贯穿始终,从知识共享开始,经历知识产生,最终完成知识的整合。吴冰和刘仲英(2007)研究了供应链协同的知识创造模式。Jakubik(2008)从问题解决的角度提出了合作知识创造的过程,包含建立社区环境、定义问题、提出问题、针对可能的解决方案展开对话、采取批判的方法、一起找到解决方案、提出解决方案并采取行动、分析综合合作知识创造过程。姚威(2009)研究了产学研合作创新的知识创造过程,提出了产学研合作创造的 GDSP 核心过程,即知识获取、知识吸收、知识共享、知识增值。彭双和顾新(2010)研究了知识链组织间知识创造的动力要素以及在知识链组织间知识创造过程中促进新知识产生的动力要素及其作用机理。韩晓琳和马鹤丹(2014)基于信息空间理论构建了合作知识空间,对面向新产品开发的企业间合作知识创造机理进行研究,发现在每一个合作知识创造循环内都动态进行着知识的扫描、编码、抽象、扩散、吸收和影响,但新产品开发不同阶段的合作知识创造机理各异,抽象和扩散是概念阶段的主要合作知识创造机理,吸收是研发阶段的主要合作知识创造机理,扩散和影响则是原型验证阶段的主要合作知识创造机理。

特别地,随着顾客成为企业外部知识的重要来源,企业-顾客合作知识创造问题受到了学者们的关注和重视。Kodama(2001)基于顾客合作研究了组织知识创造过程,认为基于顾客合作的知识创造过程包括共享阶段(理解并与顾客共享现有知识)、激发阶段(传播与现有知识相关的知识)、创造阶段(创造新知识)、积累阶段(存储在激发、传播和创造过程中的各种新知识)。张雪和张庆普(2012)认为客户协同产品创新过程同时也是知识创造的过程,分别对应着知识的双向获取、知识选择、知识转换、知识评价、知识整合、知识利用和知识积累七个阶段。叶笛等(2014)研究了管理信息系统开发中用户和开发者间知识共创的前因和结果。Kohlbacher(2008)、Sofianti et al.(2010)也研究了新产品开发过程中企业与顾客的知识共创问题。

综上所述,组织间合作知识创造开始从组织内部视角转向外部知识源的获取,但总体关注的是企业对外部知识资源的整合利用,进而实现企业知识创造,没有突出外部成员的主观能动性,忽视了外部成员的知识创造潜力,较少强调知识的共同创造。

6.2　企业-顾客知识共创的过程机制

6.2.1　知识的分类

关于知识的分类,目前没有统一的界定。1958 年欧洲著名哲学家波兰尼

(Michael Polanyi)最先提出知识可以分为隐性知识和显性知识两类。野中郁次郎借鉴了这一分类方法,认为显性知识是可用正式的系统的语言来表述,可以用书面文字、图表、公式和说明书等形式来共享的知识。而隐性知识却是高度个人化的,难以编码和沟通的知识,基于经验而得来。也有一些学者提出了不同的知识分类方法,甚至对传统的知识二分法提出了质疑。Boisot(1998)提出公共知识、专有知识、个人知识和常识等四种知识的分类方法。Johannessen(1999)在波兰尼研究的基础上,将知识划分为显性知识、隐性知识、系统化知识和关系性知识。吴素文等(2003)认为,组织中存在大量既非显性也非隐性的知识,而且这些知识是组织学习的主要部分,他们主张将知识划分为显性知识、亚隐性知识和隐性知识。王铜安(2005)认为在显性知识与隐性知识之间的知识转化过程中,存在一种中间形式的假显性知识和假隐性知识。高章存和汤书昆(2008)指出知识是动态的,而非静止的,知识的存在和活动状态是一个连续的过程。知识可以比喻为一条数轴,显性知识和隐性知识分别处于两个极端,在这两端之间还有一个不可分割的过程性的阶段和相应的知识存在状态,称为灰性知识。郑承志和黄淑兰(2010)提出了类似的观点,他们认为波兰尼的知识二分法本质上应该是说知识存在内隐与外显两个维度。大多数知识同时具有一定的外显性和一定的内隐性,存在一个"知识的内隐性-外显性谱",所有的知识都可以在谱图上找到自己适当的位置,而隐性知识和显性知识则分处于谱图两端。因此,知识不能简单二分为隐性和显性两类。范道津和郭瑜桥(2008)认为Nonaka知识分类中的可表或易表标准不甚合理,应该采用是否已表的标准。他认为没有绝对隐性的知识,任何知识都存在一定程度的可编码性,特别是随着科技的发展,出现了越来越多的传播知识的媒介,比如行为演示和语言交流往往可被制作成图片、视频等音像文件存于磁盘等高科技媒介中,这本质上等同于编码化。

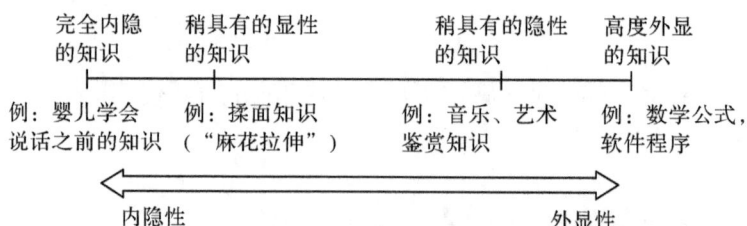

图 6-2　知识的内隐性-外显性谱

我们不得不看到,信息技术确实对知识管理过程产生了深远而有意义的影响,如今3D技术、多媒体技术、数据挖掘技术等先进技术的发展,在线情境下隐性知识的可编码化和可共享传播的程度越来越高。目前国内外学者普遍提倡利用IT技术建立虚拟对话平台促进隐性知识的交流与共享(Dahan & Hauser,2002;Nambisan,2002;Blazevic & Lievens,2008)。郭强和施琴芬(2004)指出,依靠信息技术进行虚拟对话的交流方式已成为支持隐性知识交流并促进隐性知识传播和共享的有效手段。谢彤和弋亚群(2006)认为信息技术的运用能够加快部分隐性知识的显性化过程,并促进对该过程的有效管理。林筼和杨雪(2006)指出,虚拟对话交流平台的建立跨越了面对面交流中存在的障碍和困难,加速隐性知识的共享和流通,实现隐性知识的系统化管理。Lee & Kelkar(2013)研究了支持SECI知识创造各阶段、加速隐性知识共享和转移的13种信息通信工具,包括博客、电子邮件、在线论坛、在线培训、即时消息、电视电话会议等。

上述研究为我们对知识分类的界定理清了思路,本书借鉴高章存和汤书昆(2008)、郑承志和黄淑兰(2010)、范道津和郭瑜桥(2008)等的研究,认为知识是一组集合和持续的动态过程,而不是简单地将其划分为显性知识和隐性知识两类。

6.2.2　企业-顾客知识共创过程模型

前文关于知识创造相关理论的研究虽然对顾客的知识创造关注较少,但也为我们研究企业-顾客知识共创问题提供了很多有益的启示。在企业新产品开发过程中,顾客是知识共创的重要参与者,因为他们比企业更清楚自己要什么。企业新产品开发所必需的顾客知识并非完全作为一个"事先准备好的包裹"而存在,不仅仅是单纯地将已有的信息从一方(顾客)转移到另一方(企业),而是需要通过企业与顾客频繁的互动合作,互相诱导和启发,激发企业与顾客双方的创造力,使新知识不断涌现,促进企业与顾客共同创造新的知识,这种合作就是"知识共创"的过程。Mohaghar(2012)指出,知识共创是指组织与合作伙伴、竞争者、供应商和顾客相互协作以创造知识的过程。Chesbrough et al.(2006)指出,开放式创新包括由外而内和由内而外两种基本的知识流程,即知识的外部获取和知识的外向转移。张永成和郝冬冬(2011)在Chesbrough et al.(2006)的基础上,提出了开放式创新下的知识共同创造就是拥有异质知识的网络成员聚集在一起,通过成员知识子系统的状态调整,实现异质性知识在网络中"游走"与整合的过程,包括嵌入性创造和外部联合创造两种模式。

在已有研究的基础上,本书将企业-顾客知识共创定义为:企业与顾客在互动交流过程中,通过互相启发、诱导、激励,共同构建和发展新知识的过程,并将其分为内向型知识共创和外向型知识共创两个维度。内向型知识共创是基于企业逻辑的,指企业吸收顾客知识,在企业内部经过共享、整合、利用,进而创造出新的知识;外向型知识共创是基于顾客逻辑的,指顾客利用企业提供的知识和资源,与自身拥有的知识与技能相融合,进而发展出新的知识。本研究认为,企业-顾客知识共创不仅要关注企业对顾客知识的整合利用进而促进企业的知识创造,还要强调顾客对企业知识的融合和创新,突出顾客的创造潜力。本书主要从企业逻辑和顾客逻辑两个层面来分析企业-顾客知识共创的过程机制。

1. 基于企业逻辑的内向型知识共创过程

企业-顾客内向型知识共创问题在相关研究中已有较多涉及。从企业获取顾客知识视角开展的顾客参与创新问题研究,大多与内向型知识共创在逻辑上是基本一致的。企业-顾客内向型知识共创主要基于企业逻辑,以企业为关键创新主体,围绕某特定的创新任务,着眼于企业如何获取和吸收顾客知识,并在企业内部共享、整合、利用,进而创造出新的知识。借鉴 Crossan(1999)、Holsapple & Singh(2001)、芮明杰等(2004)、范钧等(2013,2014)研究,本书将企业-顾客内向型知识共创分为知识共享、知识获取、知识融合和知识创造四个围绕特定创新任务(新服务开发项目),基于企业-顾客在线互动和知识流动转化的动态循环阶段(见图 6-3)。

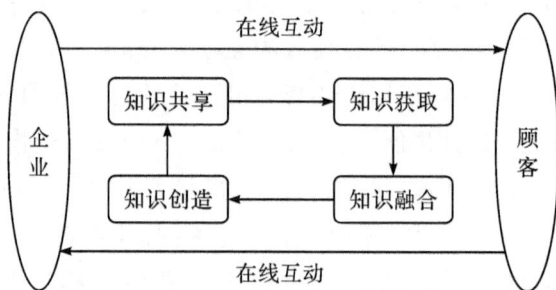

图 6-3 企业-顾客在线知识共创过程机制的理论框架

2.基于顾客逻辑的外向型知识共创过程

企业-顾客外向型知识共创问题研究目前尚处于起步阶段,已有研究相对较少。企业-顾客外向型知识共创主要基于顾客逻辑,以顾客为关键创新主体,围绕某特定的创新任务,着眼于顾客如何利用企业提供的知识和资源,并与自身拥有的知识与技能相融合,进而创造出新的知识。当然,这里的顾客既可以是个人顾客,也可以是群体顾客或组织顾客。本书对此不做明确区分,而是将顾客作为一个整体来看待。外向型知识共创与内向型知识共创的过程有一定的相通之处,但也存在着本质上的差异。借鉴 Kodama(2001)、Chesbrough & Crowther(2006)、张永成和郝冬冬(2011)等研究,本书将企业-顾客外向型知识共创分为与内向型知识共创同样的四个阶段,即知识共享、知识获取、知识融合和知识创造(见图 6-3)。虽然这四个阶段也是围绕特定创新任务(新服务开发项目)的动态循环阶段,但知识共创的关键主体已发生从企业转向顾客的根本性变化,四个阶段内的知识流动、转化路径和方式也随之发生了较大改变。

综上所述,企业-顾客知识共创分别基于企业逻辑和顾客逻辑来实现,而知识的双向获取是知识共创的前提和基础,因此,企业因努力搭建企业-顾客双向互动的平台来促进知识共创。在研究过程中,为了便于说明问题,本书将内向型知识共创过程划分为看似独立的四个阶段,将外向型知识共创划分为三个阶段,实际中每个阶段并非独立,不同阶段之间存在反复迭代、互相融合的过程。企业-顾客互动本身是个持续不断的过程,不断地为知识共创过程注入新的知识,使得知识共创过程呈螺旋上升循环发展的动态过程。

6.3 案例分析

考虑到知识共创及其过程机制研究目前尚未形成较完备的理论体系,本书主要采用单案例研究方法,对顾客在线参与企业新服务开发情境下,企业-顾客内向型和外向型在线知识共创的过程机制,进行较深入的案例研究。单案例研究能保证研究的深度,在深入调查新现象及动态过程时具有一定的优势(杨学成和涂科,2017)。

6.3.1 案例选择

本书在兼顾案例典型性和数据可得性两个因素基础上,选择第3章案例研究中涉及的案例一企业即A软件开发公司(以下简称A公司)作为单案例研究对象。A公司成立于1999年,是一家专业从事高校教育信息化领域咨询、规划、建设和服务的软件企业和高新技术企业。公司现有员工350余人,研发中心设在杭州总部,产品线覆盖了教学管理与服务、学生管理与服务、基础平台、电子校务、数字资源等高校业务。公司目前拥有1300多所高校用户,在与高校共同成长的过程中,积累了信息化规划设计、标准建设、系统集成、项目实施、运行维护的经验,为高校信息化建设提供完整的解决方案并取得了良好效果。

在案例典型性方面,A公司以软件开发为主营业务,属于较为典型的知识密集型服务企业。其服务产品主要为高校定制化软件,在软件开发的各个阶段都离不开顾客的通力合作和深度参与,企业-顾客在线知识共创已成为A公司新服务开发成功的关键因素之一。在数据可得性方面,作者所在高校作为A公司的顾客之一,与A公司已建立良好的合作关系,双方参与项目开发的人员也都有着良好的私人关系,在资料获取、访谈交流等方面具有较大的便利性。

6.3.2 数据收集

本研究在数据收集、数据分析等环节均遵循了Yin(1994)的建议,按三角测量法的要求进行,主要通过访谈、实地走访和二手资料收集等途径来获取研究数据。访谈对象主要为A公司的高管、研发设计部门负责人、研发人员和顾客等(见表6-2);同时通过实地走访获取公司内部一手资料。二手资料的收集渠道包括:①A公司对外宣传用的相关资料,包括网站、微博、微信公众号、论坛、QQ群等媒介平台上的电子文档和公司提供的纸质材料;②直接从A公司获取的内部材料,包括内部刊物、文件、宣传手册、新服务开发流程图等;③其他外部机构公开出版或发布的、涉及A公司的资料,如学术期刊论文、新闻媒体报道、产业或行业报告、行业论坛及百度贴吧等。

软件类新服务开发一般包括需求分析、设计开发和测试反馈三个环节,其中需求分析环节的企业-顾客在线知识共创活动较为普遍,且需求分析是软件类新服务开发项目成败的关键所在。因此,本研究以 A 公司软件类新服务开发中的需求分析环节为例,有针对性地收集相关数据资料,来分析企业-顾客内向型和外向型知识共创的过程机制。

表 6-2　访谈对象情况

编号	性别	职务	称谓
R_1	男	公司副总经理	韩经理
R_2	女	项目经理	刘经理
R_3	男	开发人员	熊先生
R_4	男	开发人员	张先生
R_5	男	顾客	徐老师
R_6	男	顾客	张老师

6.3.3　研究结果与分析

需求分析环节的失误是导致软件类新服务开发项目失败的主要原因。只有获得清晰、准确的顾客需求,充分了解顾客对软件功能、性能、设计约束等方面的期望,企业才能开发出真正符合顾客需求的新服务产品。一般而言,需求分析环节的任务主要是通过各种方式和渠道,充分了解、挖掘顾客的现实和潜在需求,并将顾客需求精确化、完全化、显性化,最终形成具体的需求规格说明。事实上,顾客需求分析工作贯穿于软件类新服务开发过程的始终,而不单单局限于需求分析环节。因为顾客需求是不断改变和进化的,随着对软件系统理解的不断深入,顾客会在设计开发、测试反馈环节提出更细致、更具体的功能需求。

在 A 公司软件类新服务开发的需求分析环节,存在较多的企业-顾客知识共创活动,且大多以企业-顾客在线互动方式实现。有些需求是顾客可以清楚地用语言、文字等形式表达,并为软件开发人员所理解的(即显性需求知识);还有些需求则可能存在于顾客头脑中,但难以确切表达或软件开发人员难以准确获取,同时又对软件开发的成功至关重要(即隐性需求知识)。因此,围绕具体的软件类新服务开发项目,A 公司的软件开发人员需要以在线互动等方式,与顾客频繁进行需求知识的共创。一方面,开发人员要向顾客普及软件开发相关知识,帮助顾客加深对开发过程、内容、可实现性等的理解和认知;另一方面,开发人员还要与顾客进行持续在线交流沟通,激励和启发顾客提出自己的想法和建议,使顾客对软件的模糊、抽象认知得以外在表达,形成清晰、准确的需求知识。具体而言,可从内向型和外向型知识共创两个方面,来分析 A 公司在软件类新服务开发项目需求分析环节中的企业-顾客在线知识共创过程。

1. 内向型知识共创的过程机制分析

通过对 A 公司中高层管理人员、软件开发人员、客服人员及相关顾客的深度访谈和实地调研,得到 A 公司软件类新服务开发项目需求分析环节的基本流程图(见图 6-4),以及内向型知识共创过程编码结果(见表 6-3)。在此基础上,分析在 A 公司软件类新服务开发项目需求分析环节,企业-顾客内向型知识共创的具体过程机制。

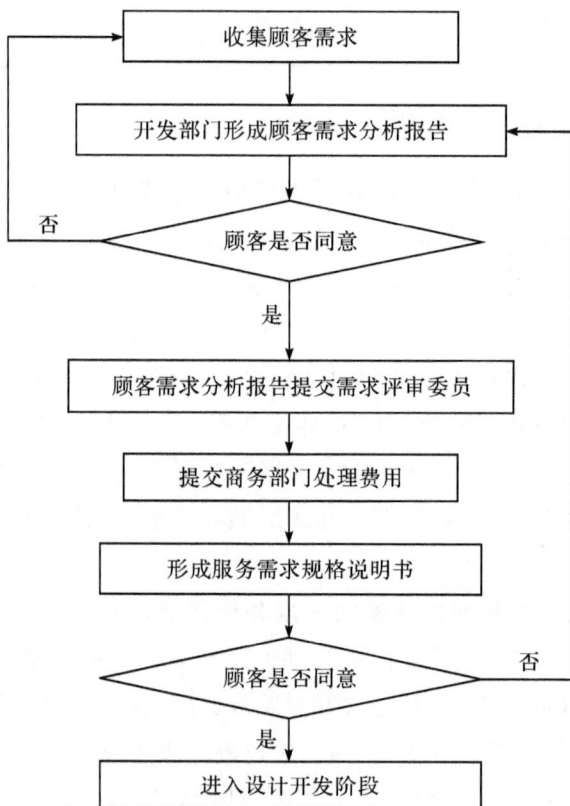

图 6-4　A 公司软件类新服务开发项目需求分析环节流程
资料来源:根据公司资料绘制。

表 6-3 内向型知识共创过程编码结果①

阶段	条目数	引用语举例
知识共享	18	我们这类公司本身比较依赖顾客,尤其是新服务,学校对新服务的需求都是基于本校的需求,个性强,我们需要充分了解(R₁,韩经理)
		我们和顾客在线沟通的内容主要包括需求收集、软件创新性意见收集、发布软件紧急修复程序、节假日提醒、顾客关怀等(R₁,韩经理)
		顾客可以给我们提供一些思路,有些东西他们自己已经研究过了,如界面如何做才能更美观,有时候我们的思维可能比较局限,顾客的思路会向外发散。特别是一些专业能力比较强的顾客,比如他本身就是学计算机或软件专业的,这样的顾客我们就更喜欢了,产品开发的各个阶段他们都能从专业角度提出更加可行的建议(R₂,刘经理)
		公司建立完善的客服机制,公司客服部、现场实施人员和校方主要系统负责人进行 QQ 群,全国每个片区专人专岗建立联系,第一时间响应顾客提出的问题。公司有 WEB 客户管理系统,顾客的新需求和优化建议可以很方便地通过这个系统提交到公司(R₃,熊先生)
知识获取	15	开发人员的悟性、开发经验也很重要,顾客把他的需求告诉我们,开发人员应该能马上领悟,然后快速去实现(R₂,刘经理)
		开发人员的个人经验、学习能力都有差异,我们一般 3～4 人组成一个开发小组,在需求收集方面我们一般派有经验的开发人员与顾客进行沟通,对顾客需求的领悟和引导很重要(R₂,刘经理)
		顾客需求是从顾客角度来描述需求,他们只会告诉我们他们希望这个软件实现哪些功能,不会考虑技术因素,有些功能不一定能用计算机语言来实现,因此我们开发人员会根据自己的理解,从技术角度来解释顾客需求(R₄,张先生)
知识融合	12	开发团队会定期召开内部讨论会,对所有引导收集的原始需求进行讨论,每个开发人员都分享各自的意见,消除冲突与不一致(R₂,刘经理)
		公司制定了需求管理办法,真正形成产品需求还要综合开发团队、评审委员会、商务部门以及企业目标等各方面的意见(R₂,刘经理)
知识创造	9	经过内部讨论,并综合开发团队、评审委员会、商务部门等各部门的意见,最终形成正式的新服务需求规格说明书,作为软件设计开发的基础性材料(R₂,刘经理)

① 标识规则如下:一手资料中,根据"访谈对象编号-称呼"进行编码。公司内部资料直接编码为 SH。

(1)第一阶段:知识共享阶段

这一阶段是企业-顾客内向型知识共创得以实现的根本前提,一般基于网络虚拟社区、社会化媒体等顾客在线参与平台和载体。为提高知识共享效率和顾客知识共享意愿,A公司建立了全方位、多渠道的交流反馈机制,主要通过客服人员和软件开发人员与顾客进行全天候在线互动,实现隐性知识的显性化,以及企业知识源与顾客知识源之间的双向开放和实时共享。客服人员与顾客知识共享的渠道主要有:公司客户服务系统、公司主页客服QQ、各地区客户QQ群、微信公众号等。软件开发人员则主要通过QQ群、微信群、个人QQ、电子邮件等渠道与顾客进行频繁、深入的互动和沟通。这一阶段的重点是促进顾客对企业的知识共享,即顾客结合自身业务实际,详细说明对软件的功能需要、性能需要、建设系统目的、预期成效和限制条件等。如访谈对象 R_1 韩经理表示:“我们这类公司本身比较依赖顾客,尤其是新服务开发,学校对新服务的需求都是基于本校的需求,个性化强,我们需要充分了解。”R_3 熊先生指出:“项目开发期间经常通过QQ、微信发送问候,有时候几句寒暄的话语,会拉近彼此的距离。”由此可见,在线互动的内容涉及信息分享、共同完成任务、关系维护等各个方面。

由于隐性知识通常难以编码化或充分表达,顾客的知识共享能力和意愿也有较大差异,顾客隐性需求知识共享是这一阶段的难点和关键。因此,客服人员、开发人员的沟通能力,及对顾客需求知识的引导和挖掘非常重要。有些需求顾客难以表达,但经验丰富或悟性良好的开发人员能够主动意识到,或通过频繁的在线互动逐步引导顾客表达出来。新服务开发人员的个人经验、知识储备、学习能力也有较大差异,A公司一般由3~4人组成一个相对互补的软件开发小组,并派有经验的开发人员与顾客进行在线互动,以引导顾客与企业主动共享自身的需求知识。

(2)第二阶段:知识获取阶段

在A公司,知识获取的过程大多需要通过软件开发人员的个体学习来有效实现,因为他们是与顾客直接在线互动的企业边界人员。根据具体软件类新服务开发项目的需求分析任务,A公司软件开发人员从顾客共享的知识中,有选择地获取对创新任务有用的顾客需求知识。顾客需求知识大多是从顾客角度描述的,一般不考虑技术因素和可行性问题。因此,软件开发人员要对顾客需求知识进行筛选。显性的顾客需求知识可通过在线互动方式直接有选择地获取;而隐性的顾客需求知识,则需要更为复杂的互动和转化过程,如将顾客的服务相关知识、消费使用知识和自我知识,转化为与创新任务直接相关的概念知识、需求知识和技术知识。软件开发人员主要基于自身的理解能力、软件开发能力、知识储备和开发经验等,将顾客共享的需求知识与自身原有的知识进行整合,形成自己的理解,从技术角度来解释顾客需求知识,评估顾客需求知识对具体软件类新服务开发的有用性和可行性,最终消化、吸收为自身的新增知识。

因此,这一阶段是企业边界人员根据特定创新任务对知识的需求,从顾客知识源中有选择地获取顾客知识的过程,同样需要以企业-顾客在线互动为基础,并伴随着企业边界人员的组织学习和顾客知识的转化、流动过程。知识获取阶段的最终结果,就是顾客知识成为企业边界人员的新增知识。

(3)第三阶段:知识融合阶段

这一阶段主要发生在企业内部,A 公司软件开发人员将获取阶段成为自身新增的顾客需求知识,在开发团队内部进行分享。网络环境中存在海量的顾客知识,顾客的需求也千差万别,企业边界人员获取的顾客知识很可能存在较大冗余,需要企业根据自身特定的创新任务需求和接受能力范围,对顾客知识进行筛选和重新编码。开发团队成员对所有引导收集的顾客需求知识进行评估,删除其中的相互冲突或不一致部分。在此过程中,开发人员还要反复与顾客进行在线互动和沟通,直至达成共识,形成初步的顾客需求知识集合,并整理、外化为顾客需求分析报告。顾客需求分析报告从技术角度来描述顾客需求,包括功能需求、性能需求、操作界面需求、与其他软件的接口需求及服务评价和验收准则等。顾客需求分析报告还要在公司内部共享,即首先要提交至由产品经理、开发人员、测试人员组成的评审委员会进行评审,评审委员会通过后提交给商务部门进行报价。顾客需求分析报告在公司内部共享后,形成一个 A 公司整体性的与特定新服务开发任务相关的顾客需求知识集合。

因此,这一阶段体现为企业边界人员的新增知识通过筛选、分享、消化、吸收等知识流动和转化环节,最终融入企业知识集合的一系列复杂的知识管理过程。经过筛选后的顾客知识,在一定的知识管理制度安排下,通过员工与员工、员工与组织(团队)的传播共享、交流启发、人际互动等方式,在企业组织内部实现扩散、消化和吸收,最终完成与企业原有的知识相融合,组合内化为企业知识集合的有效组成部分。

(4)第四阶段:知识创造阶段

这一阶段是企业-顾客内向型知识共创最终得以实现的关键环节。随着顾客知识和其他来源知识不断融入企业知识集合,企业知识存量持续增加,组织和员工对特定创新任务的了解和认识也不断深入。在 A 公司,评审委员会根据顾客需求分析报告对顾客需求进行评审,分析顾客需求是否合理、能否修改以及所需的工作量等,分析其对新服务开发进度、发布进度、人员安排、成本、现有约定等的影响,以及需求变更可能引起的风险、对其他相关新服务开发任务的影响等。商务部门根据顾客需求和开发成本,核算相应的费用,制定报价单。由此,基于顾客的需求知识,A 公司的开发团队、评审委员会、商务部门等各部门的知识,以及企业内部价值观、项目目标、商业原则等知识通过相互碰撞、融合,最终形成正式的新服务需求规格说明书,作为软件设计开发的基础性材料。服务需求规格说明书形成后,要提交给顾客进行确认。顾客如有不同意见,相关部门要继续与顾客在线互动和沟通,并再次进入顾客需求知识共享阶段,开始新一轮的企业-顾客内向型知识共创循环。A 公司有时也会开发出 Demo、原型等,请顾客试用并确认需求,以从不同的角度最大限度地激发出顾客隐含或潜在的需求知识。

由此可见,在这一阶段,企业原有知识与顾客知识等新汇集的知识不断整合、碰撞、相互启发,并通过对企业知识集合的系统化分析提炼,逐渐实现知识从量变到质变的过程,最终发展出符合特定创新任务需求的新知识。完成既定的创新任务目标(新服务开发项目)后,企业又将会针对下一个创新任务目标,开始新一轮的企业-顾客内向型知识共创。上一个创新任务所新创的知识,便成为企业知识源中的共享知识,而顾客知识源中的共享知识存量也在上一个知识共创(包括内向型和外向型知识共创)任务中有所增加。因此,内向型知识共创是一个周而复始、螺旋上升的动态循环过程。

2.外向型知识共创的过程机制分析

如前所述,虽然企业-顾客外向型知识共创的过程和内向型知识共创一样,也可同样分为知识共享、知识获取、知识融合和知识创造四个阶段,且在共创目标、载体、进程、基础和途径等方面具有较大的一致性和关联性。但两类知识共创过程在知识源的专门化程度、知识共享和获取效率、学习意愿和能力、知识集合的容量和系统性、知识创造活动的组织化程度等方面也存在较大的区别。在 A 公司的软件类新服务开发项目的需求分析环节,也体现了这些区别和联系。外向型知识共创过程的编码结果如表 6-4 所示。

表 6-4 外向型知识共创过程编码结果

阶段	条目数	引用语举例
知识共享	12	我们又不懂软件开发,开发方事先会告知我们,比如软件开发的流程和架构、什么样的功能是可以实现的、需要的时间和成本等,这些是很有必要了解的。
		顾客都是站在自己的立场上考虑需求的,有的对软件开发完全没有概念,会有一些不切实际的想法,所以沟通很重要(R_6,顾客张老师)
		顾客首先自己思路要很清晰,他所需要的东西他自己要很清楚,并且能够表达出来,如果他们不清楚自己要什么我们就更不知道要做什么事情了(R_2,刘经理)
知识获取	9	有时候他们开发人员提出来的方案不一定完全符合我们的要求,我是学计算机软件出身的,可以结合我们学校的实际,对他们的方案做出评价,提出更加可行的建议;而没有专业基础的人,开发人员说的很多问题他可能听不懂(R_5,顾客徐老师)
		L 大学的徐老师真的很积极,也很专业,他一有问题就在 QQ 上和我们交流,也给我们提供了很多很好的建议(R_2,刘经理)
知识融合	8	针对每个顾客单位都建立 QQ 群,如 L 高校的科研管理系统,使用人员包括学校科研处、各二级学院科研管理人员等,针对这些用户建立了 QQ 群,有问题都在群里交流,公司有关人员第一时间解答,并及时整合大家的意见(R_3,熊先生)
		顾客一般从自身业务角度上提出问题和建议,比如人事数据需要和科研、教务、学工等数据对接,但很多顾客只是业务部门老师,他们提的只是自己所管业务需求,公司会收集各个部门需求进行分析整合,把数据流对接的各个业务字段反馈给顾客,顾客然后就可以对自己业务系统字段查漏补缺(R_4,张先生)
知识创造	9	一个需求想法提出来,可能有多种方案可以实现,有多条路可以走,我能帮着指一条最近的路。因为我懂专业,知道怎样用计算机语言去实现,我提出来的意见会更有可行性。不是计算机专业的人,可能他的想法是好的,但很难实现(R_5,顾客徐老师)
		顾客提出的需求要用技术架构去实现,但很多顾客不懂技术,我们把技术实现原理告知顾客后,顾客会提出更优的解决办法,如科研经费管理非常复杂,需要和财务对接,但财务数据非常敏感,L 高校科研处提出以下拨单方式进行线下和线上结合方式解决此类问题,目前运作正常,这种方式也复制到很多高校(R_3,熊先生)

（1）第一阶段：知识共享阶段

这一阶段与内向型知识共创是基本一致的。在软件开发的需求分析环节，A公司主要通过公司网站、电子邮件、微信公众号、微信群、QQ群等互联网和社交媒体渠道，以文档、图片、视频等形式，与顾客共享企业知识。这些知识大多为与特定软件类新服务开发任务相关的各类常识性显性知识，如公司的产品和服务介绍、软件开发的一般流程和架构、各项系统功能的可实现性、开发所需的成本和时间等。那些与新服务开发任务密切相关的隐性知识，或担心被竞争对手获取的相对需要保密的知识，则主要通过软件开发人员、客服人员与顾客的在线互动和沟通进行共享。A公司面向顾客的知识共享活动具有较强的计划性和针对性，在新服务开发的需求分析环节，其目的是为了使顾客对特定新服务开发任务有一定的了解和认识，并据此提出具有创新性和可行性的需求知识。需要指出的是，与几乎是海量但存在大量冗余的顾客知识源不同，企业知识源的存量是较为有限而专门化的，因而具有相对较高的知识共享效率。与顾客共享的企业知识一般具有较强的针对性，企业主要围绕特定的创新任务需要，而有选择、有控制、有范围地与顾客适度共享与创新任务密切相关的创新知识，且这些知识大多为显性知识。

（2）第二阶段：知识获取阶段

在这一阶段，顾客通过与软件开发人员、在线客服人员等企业边界人员的在线交流和互动，从中获取与特定创新任务相关的各类知识，并转化为自身的新增知识。不同顾客在知识获取的意愿和能力等方面存在较大差异性。那些专业性较强的顾客（即领先顾客）获取知识的主动性较强，他们除了主动获取企业公开发布的共享知识外，还会积极与A公司的软件开发人员在线互动交流。顾客从A公司共享的新服务开发相关知识，与自身原有的专业知识、需求偏好、业务经验、软件开发等知识等相结合，进而成为自身的新增知识。但现实中，A公司的顾客大多缺乏学习意愿和能力。他们认为顾客作为甲方，只要初步告知服务需求即可，如何开发出满足顾客需求的新服务是企业应该考虑的问题，也不管提出的需求是否具有技术或成本上的可行性，有的顾客在软件开发的需求分析环节较为被动甚至不合作。因此，A公司在顾客身上的前期投入相对较大。公司需要采取一定的激励和引导措施，如邀请顾客来公司参观、为顾客做专题培训、已有相关软件的演示和试用等。随着时间的推移，A公司与顾客的在线交流互动越来越深入，顾客新增的软件开发相关知识越来越多，对开发任务和自身需求的认识也不断清晰、深入。

由此可见,与内向型知识共创中的企业获取顾客知识阶段不同,顾客获取企业知识的方式相对较为被动。一方面,不同顾客之间存在较大差异,虽然少数领先顾客、专业顾客或组织顾客可能具有较强的学习意愿和能力;但大部分普通顾客普遍缺乏学习意愿和能力,他们获取企业知识的主动性并不强,需要企业采取额外的激励和引导措施。另一方面,在大多数时候,顾客对知识获取的主动选择性较弱,而只能被动地获取企业希望或愿意让他们获取的知识,即企业通过顾客在线培训、论坛发帖、官方微博、微信服务号、在线咨询等公开发布方式提供给顾客的创新任务相关知识。因此,虽然企业公开发布的共享知识对所有顾客是基本一致的,但新增知识在不同顾客之间很可能存在较大差异。

(3)第三阶段:知识融合阶段

在知识融合阶段,顾客获取新的知识后,将新增的知识与自身原有的知识相融合,并与其他顾客进行交流、分享、吸收、内化,形成相应的顾客知识集合。对于一个特定的软件类新服务开发项目,A公司实际面对的是某个具体的高校职能部门和一个巨大的相关教师群体。如开发一个高校科研考核系统,A公司就需要面对高校科研管理部门工作人员、院系科研秘书和全校教师,这是一个巨大的顾客群体,规模在千人以上。与A公司直接对接的高校科研部门工作人员,会将他们新增的系统开发知识与院系科研秘书共享,院系科研秘书又会与相关教师群体共享。与此同时,全校教师和院系科研秘书又会将对科研考核系统的功能需求、意见和建议,反馈给科研部门工作人员。这种共享和反馈主要是通过在线互动方式进行的,有时候还会将A公司的开发人员也拉进QQ或微信群,直接与全校老师在线互动。概括而言,就是顾客群体通过在线互动共享各自的知识,形成一个顾客知识集合。

由此可见,这一阶段主要发生在顾客群体内部,体现在顾客群体通过交流、分享、消化、吸收、内化等知识流动和转化过程,将新增的知识与自身原有的知识相融合,成为整个顾客知识集合中的有机组成部分。对某个特定创新任务而言,涉及的企业可能只有一个,企业内部的员工数量也是有限的,但顾客却是大批量和差异化的。因此,外向型知识共创的知识融合阶段与内向型知识共创存在较大不同。一是不同的顾客之间对新增知识的消化、吸收能力存在较大差异,且原有顾客个体的知识基础也千差万别;二是不同顾客之间可以通过多方在线交流互动而实现较充分的新知识分享和扩散;三是企业的知识集合主要聚焦于自身业务及创新任务所需,具有较强的系统性,而顾客知识集合则大多是海量顾客个体知识的随机性集合,较为发散而缺乏系统性。

(4)第四阶段:知识创造阶段

这一阶段是企业-顾客外向型知识共创最终得以实现的关键环节。随着新知识的不断融合,顾客的知识存量和对特定创新任务的认知持续深入,顾客的新旧知识不断碰撞、互相启发,并通过整合提炼,最终发展出针对某特定创新任务的新知识。对A公司软件类新服务开发项目的需求分析环节而言,顾客知识创造可以表现在很多方面:一是随着顾客对软件开发知识了解的不断深入,逐渐形成对新服务需求清晰、明确的认识,并能够充分、准确地表达出自己的潜在需求;二是与A公司的在线互动过程,也是对顾客自身业务的一种梳理,促使顾客对管理流程进行再思考并加以改进,并创造出既富有新意又较为可行的新服务开发需求;三是专业顾客(领先顾客)还会自己开展研究工作,他们可以从专业角度为A公司提供新的思路和建议,如界面如何做才能美观、算法可以再如何优化等。正如A公司的一位专业顾客(领先顾客)R5徐老师在接受访谈时所说:"一个需求想法提出来,可能会有很多种方案可以实现它,有很多条路可以走,我可以帮他指一条最近的路。因为我懂专业,我知道这样可以用计算机语言去实现,我提出来的意见会更有可行性。不是计算机专业毕业的人,可能他的想法是好的,但大多很难实现。"企业的思维相对比较局限,而顾客群体的思维是发散的。虽然顾客的很多想法和创意未必可行,但其中总有几个会给企业带来灵感和启发,这也正是企业-顾客外向型知识共创的价值所在。

与内向型知识共创的知识创造阶段不同,外向型知识共创对顾客知识集合的利用效率相对较低。在内向型知识共创中,企业可以充分利用自身的整体知识集合,来有组织地实现知识创造,其知识创造水平是由企业整体创新能力所决定的;而在外向型知识共创中,虽然整个顾客群体的知识集合是十分庞大的,但由于顾客的创新活动相对缺少组织性,单个顾客往往只能利用自身的个体知识集合,顾客的知识创造水平基本上依赖于其自身的创造力。

完成既定的创新任务目标(新服务开发项目)后,顾客又将会在企业的引导和激励下,围绕下一个特定的创新任务,开始新一轮的企业-顾客外向型知识共创。与内向型知识共创一样,外向型知识共创也是一个周而复始、螺旋上升的动态循环过程。

3. 内向型和外向型知识共创的过程机制模型

基于对企业-顾客内向型和外向型知识共创过程的具体分析,可以得出企业-顾客内向型和外向型知识共创的过程机制模型(见图 6-5)。该模型由知识共享、知识获取、知识融合和知识创造四个围绕特定创新任务的动态循环阶段构成,以企业-顾客在线互动(信息导向、任务导向、关系导向)为基础,以顾客(员工)学习及知识吸收内化、整合提炼为手段,以知识流动和知识转化为途径。

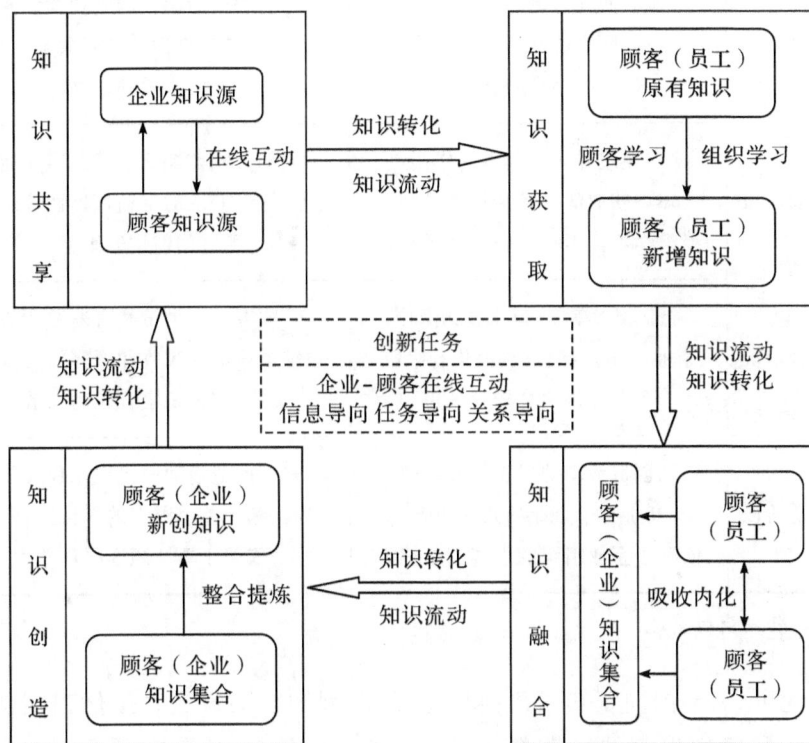

图 6-5　企业-顾客内向型和外向型知识共创的过程机制模型

4.内向型和外向型知识共创过程的比较分析

从前文分析可知,企业-顾客内向型和外向型知识共创过程之间,事实上存在一定的区别和较大的联系,有必要对两类不同逻辑下的知识共创过程进行比较分析。

(1)内向型和外向型知识共创过程的区别

总体而言,企业-顾客内向型和外向型知识共创是分别基于企业逻辑和顾客逻辑的,两类知识共创的关键创新主体也分别为企业和顾客。正是因为上述客观存在的本质差异,导致了虽然两类知识共创过程在本研究中均被划分为名称完全相同的四个阶段。但在每一个阶段中,两类知识共创之间均存在一定的区别,具体如表 6-5 所示。

表 6-5　内向型和外向型知识创造过程的区别

共创阶段	内向型知识共创	外向型知识共创
知识共享阶段	海量而冗余的顾客知识源 不同顾客的共享意愿不同 共享效率较低	有限而专门化的企业知识源 有选择性地适度共享 共享效率较高
知识获取阶段	企业边界人员起重要作用 知识获取的主动选择性较强 组织学习能力决定企业新增知识	大部分顾客缺乏学习意愿和能力 知识获取的主动选择性较弱 不同顾客间新增知识差异较大
知识融合阶段	企业较为单一、员工较为有限 企业组织内部扩散、消化和吸收 企业知识集合较为聚焦	顾客是大批量和有差异性的 顾客个体消化吸收和顾客间交流扩散 顾客知识集合较为发散
知识创造阶段	知识创造活动的组织化程度较高 基于整个企业的知识集合 依赖于企业组织的整体创新能力	知识创造活动的组织化程度较低 基于单个顾客的知识集合 依赖于单个顾客的创造力

资料来源:作者自行整理。

　　由此可见,与内向型知识共创相比,外向型知识共创过程虽然在创新顾客的数量和顾客知识集的容量等方面占有较大的优势,但却在顾客知识创造意愿、能力、效率等方面均处于明显弱势,因为数量并不意味着质量,容量也并不能得到充分利用。如顾客的内部人身份认知、知识心理所有权、创造性自我效能、参与中的情绪体验、领先顾客特性、与企业的知识势差等因素,都会影响其创造力和外向型知识共创水平。当然这也在情理之中,毕竟在大多数情况下,顾客只是企业的"兼职"员工,与企业并没有正式的雇佣关系,他们可以在外向型知识共创过程中随时抽身离去而不必付出任何代价,特定的创新任务最终还是主要由企业内部员工负责并完成的(众包可能是个例外)。因此,虽然外向型知识共创是基于顾客逻辑的,但仍离不开企业的支持、引导、激励和帮助,如良好创新氛围的营造、工具性和情感性社会支持等。可以说,在提升外向型知识共创的水平方面,企业是大有可为的。

（2）内向型和外向型知识共创过程的联系

虽然企业-顾客内向型和外向型知识共创的过程存在一定的区别,但两者之间同样存在较大的关联性,其总体思路也是基本一致的。具体而言,两类知识共创过程的联系主要体现在共创目标、共创载体、共创进程、共创基础和共创途径等方面的一致性上。

一是共创目标方面的一致性。无论是基于企业逻辑还是基于顾客逻辑,无论是以企业还是以顾客为关键创新主体,内向型和外向型知识共创过程都是围绕着同一个创新目标而进行的,即为了有效提升某特定的创新任务(新服务开发项目)绩效而开展的一系列企业-顾客知识共创活动,并不断从中创造创新任务所需的新知识。

二是共创载体方面的一致性。内向型和外向型知识共创过程都是在同一个"知识创造场"中实现的(竹内弘高,2016)。特定的知识往往被特定的人群或组织创造出来,并在特定的社会空间中传播,形成一个个特定情境下的知识创造场。且这些知识创造场都不是封闭和孤立的,而是与外界紧密关联、相互交汇、相互强化,并受到所处社会知识创造场的影响。在当前的信息化和网络化时代,两类知识共创过程就是以网络虚拟社区、社会化媒体等跨时空、跨媒介、跨边界的开放性在线虚拟知识创造场为载体的。

三是共创进程方面的一致性。内向型和外向型知识共创过程是同步进行、相互融合、彼此推动、循环发展的。本书为便于说明问题,将两类知识共创过程都划分为看似独立的四个阶段。实际上每个阶段并非独立而是连续的,不同阶段之间是一种反复迭代、互相融合关系,并使得整个知识共创过程(内向型和外向型)呈现螺旋上升、循环发展的动态变化。

四是共创基础方面的一致性。内向型和外向型知识共创过程都是在顾客在线参与企业新服务开发活动情境下,以企业-顾客信息导向、任务导向和关系导向等在线互动为基础的。不同形式的在线互动在两类知识共创过程的各个阶段同时存在,以各自不同的方式,持续不断地为知识共创注入动力和活力,共同发挥着积极的基础性作用。

五是共创途径方面的一致性。内向型和外向型知识共创过程都是以知识的流动和转化为主要途径的。在两类知识共创的各个阶段,与特定创新任务紧密相关的创新知识,在顾客与企业边界人员、顾客与顾客、企业员工与员工等知识主体之间频繁对流、相互碰撞。与此同时,流动知识的属性(显性和隐性)也通过编码和解码等方式,在两类知识共创的各个阶段交互进行、不断升华。

6.4 本章小结

本章在文献梳理和理论分析基础上,通过对 A 软件股份有限公司软件类新服务开发项目需求分析环节的案例分析,构建了新服务开发中企业-顾客知识共创的过程机制模型(见图 6-5)。本研究关于企业-顾客知识共创过程的规律性阐述,是对顾客在线参与新服务开发和企业-顾客知识共创理论的有益补充和完善,并为相关研究的进一步深入提供了一定的借鉴和参考。研究发现,企业-顾客内向型和外向型知识共创过程均可分为知识共享、知识获取、知识融合和知识创造四个围绕特定创新任务(新服务开发项目),基于企业-顾客在线互动和知识流动转化的,周而复始、螺旋上升的动态循环阶段;且两类知识共创在共创目标、共创载体、共创进程、共创基础和共创途径等方面,存在较大的一致性和关联性。与此同时,内向型和外向型知识共创在创新逻辑和关键创新主体(分别为企业和顾客)上的根本不同,也导致了两者在四个阶段内的知识流动和转化等方式也存在较大的差异。

具体而言,知识共享阶段主要体现为企业知识源与顾客知识源之间的知识流动,由于企业知识源比顾客知识源更为专门化,且顾客之间的共享意愿差异较大,内向型知识共创的知识共享效率低于外向型知识共创;知识获取阶段主要体现为顾客(员工)通过顾客(组织)学习将共享知识转化为新增知识,由于员工(企业边界人员)的学习意愿、能力、选择性强于大多数顾客,内向型知识共创的知识获取效率高于外向型知识共创;知识融合阶段主要体现为顾客(员工)新增知识通过吸收内化融入顾客(企业)知识集合,内向型知识共创的企业知识集合比外向型知识共创的顾客知识集合更为聚焦和系统,但容量相对较小;知识创造阶段主要体现为顾客(企业)通过对顾客(企业)知识集合的整合提炼发展出创新任务所需的新知识,内向型知识共创的知识创造活动组织化程度高于外向型知识共创。

本研究对企业如何高效实现企业-顾客知识共创以提升新服务开发绩效具有一定的实践启示。首先,企业应改变仅将顾客作为创新知识提供者单一角色的传统思维,而是要充分认识顾客的知识创造潜力,重视顾客在知识共创中的关键创新主体地位,同步实施企业-顾客外向型和内向型知识共创,通过"双轮驱动"和"双向促进"发挥知识共创对提升新服务开发绩效的积极作用。其次,在外向型知识共创过程中,企业要主动搜寻和重点关注具有较强知识创造能力和意愿的重点顾客;同时通过各种途径和方式与顾客积极开展在线互动,以扩大顾客的创新知识容量,增强顾客知识创造能力和意愿。最后,在内向型知识共创过程中,企业既要有意识地从不同类型顾客中获取多元化、异质性的隐性知识,增加企业创新知识集合的容量和广度;又要强化组织和员工的学习能力,完善内部知识管理流程和创新活动组织方式,强化对顾客知识的吸收、内化、整合和利用能力。

　　本研究的局限性主要在于案例的选择比较单一,在典型性和普适性上存在一定缺陷,导致研究结论的说服力较为有限。未来研究应选择不同行业、不同类型的企业新服务开发案例,通过更为深入、细致的跨案例分析,来进一步诠释新服务开发中企业-顾客知识共创的过程机制问题。

7 结论与展望

通过前面六章的分析和阐述,本书对企业-顾客在线互动对新产品开发绩效的作用机制进行了较为系统、深入的分析和论证,并得到了一些有意义的结论。本章将对前文的研究进行归纳总结,阐明本研究的主要结论、理论贡献与管理启示,并在此基础上提出本研究存在的局限及未来的研究方向。

7.1 主要研究结论

新产品开发是企业生存发展的关键环节和竞争优势的重要来源。在诸多影响新产品开发绩效的因素中,企业内外部各群体知识资源的整合和利用已被证实为新产品成功的重要因素之一。企业创新活动已逐渐从封闭走向开放,"共同创造"作为一种汇聚各方力量的创新模式,开始应用于新产品开发实践,而顾客无疑是重要的"合作创造者"之一。顾客参与在新产品开发中的积极作用也获得了越来越多企业的重视,并已被证实为新产品成功的重要因素之一(Bonner & Walker,2004)。然而,传统的线下环境难免使得顾客群体的参与活动受到限制,企业很难真正挖掘顾客作为"合作创造者"的潜力。互联网和信息技术的高速发展,进一步打破了传统实体环境下,企业-顾客互动在顾客数量及时间等方面的局限,使企业与庞大顾客群体的在线实时互动成为可能,企业-顾客互动的广度、深度和频度大大增强。越来越多的企业开始尝试通过虚拟创新社区等企业-顾客在线互动方式,来进行新产品开发(Flavian & Guinaliu,2005)。与此同时,出于不满足现有选择等原因,顾客也希望通过各种便利的在线工具与企业进行互动并共创价值(Ramaswamy,2004)。因此,在新产品开发实践中构建和维系恰当的企业-顾客在线互动模式来整合双方知识和潜能并实现知识共创,是提升企业新产品开发绩效的重要途径。

本研究围绕"企业-顾客在线互动如何提升新产品开发绩效"这一基本命题,构建了企业-顾客在线互动－知识共创－新产品开发绩效的理论框架,综合运用理论研究、探索性案例研究、大样本统计分析、验证性案例研究等研究方法及 SPSS17.0 和 Amos17.0 等统计分析工具,对本书的概念模型和理论假设进行探索和检验,逐层深入分析了以下四个研究问题:①企业-顾客在线互动的概念内涵如何界定? 其具体的维度构成如何? 如何对其进行测量? ②企业-顾客在线互动对新产品开发绩效的作用机制如何? ③知识共创的概念内涵如何界定? 其具体的维度构成如何? 如何对其进行测量? ④企业与顾客之间如何实现知识共创? 其具体的过程机制如何? 从而力图打开此中"黑箱",深入剖析企业顾客在线互动-知识共创和新产品开发绩效之间的作用机理,探索顾客参与新产品开发的本质规律。经过全书的分析论证,形成了以下主要研究结论。

7.1.1　企业-顾客在线互动的内涵界定和维度构成

通过系统的文献分析与梳理,从顾客单向参与演进至企业-顾客双向互动,强化顾客的积极作用,并基于互联网和信息技术的支撑作用提出企业-顾客在线互动的构念,从更深层次、更本质的角度对顾客参与创新本质进行研究。将企业-顾客在线互动界定为企业与顾客基于互联网和社会化媒体,围绕特定创新任务而进行的持续交流与协作活动,将其划分为信息导向互动、关系导向互动和任务导向互动三个维度,开发出相应的测量量表,并通过探索性案例研究和实证分析对这种划分方法的合理性做出了验证。

7.1.2　企业-顾客在线互动各维度对知识共创各维度的影响存在一定差异

企业-顾客在线互动的信息导向、关系导向和任务导向互动三维度,对外向型知识共创均有显著正向影响,其中关系导向互动对外向型知识共创的正向影响相对较小;信息导向和任务导向互动两维度对内向型知识共创有显著正向影响;关系导向互动对内向型知识共创的正向影响则并不显著。由此可见,以信息分享和交换为主要内容的信息导向互动,以及围绕特定创新任务开展的任务导向互动,是促进外向型和内向型知识共创的主要途径。关系导向的在线互动,虽能通过激发顾客的知识创造热情来促进外向型知识共创,但其积极作用更多地体现在维系双方信任合作关系及满足顾客情感需求等方面。

7.1.3 知识共创对新产品开发绩效有显著正向影响

企业-顾客外向型和内向型知识共创,均对企业新产品开发绩效产生显著的正向影响。顾客无疑是企业最重要的外部创新合作主体之一;且在企业-顾客在线合作创新中,外向型知识共创与内向型知识共创具有同等重要的作用和地位。但已有研究往往偏重于基于企业逻辑的内向型知识共创,而忽视了基于顾客逻辑的外向型知识共创。因此,充分利用网络虚拟环境,通过与顾客的各种在线互动来促进知识互补和相互启迪,以同时实现企业-顾客外向型和内向型知识共创,是企业提升新产品开发绩效的重要战略选择。

7.1.4 企业-顾客在线互动各维度对新产品开发绩效的影响路径存在一定差异

信息导向和任务导向互动对企业新产品开发绩效有显著的直接正向影响;关系导向互动对企业新产品开发绩效的直接影响未得到有效验证。外向型和内向型知识共创在信息导向、任务导向互动与新产品开发绩效关系中起部分中介作用;关系导向互动则以外向型知识共创为完全中介而间接正向影响新产品开发绩效。由此可见,知识共创在企业-顾客在线互动和新产品开发绩效的关系中起着重要的中介作用,企业-顾客在线互动对新产品开发绩效的积极作用,较大程度上是通过促进外向型和内向型知识共创来实现的,且信息导向和任务导向互动的积极作用大于关系导向互动。

7.1.5 企业-顾客知识共创的内涵界定及其过程机制

由于对知识共创过程的探索和研究较少,本研究通过对知识创造、知识共创相关文献的梳理,结合理论演绎,提出了企业-顾客知识共创的过程机制,并进行验证性案例分析。在已有研究的基础上,本书将企业-顾客知识共创定义为:企业与顾客在互动交流过程中,通过互相启发、诱导、激励,共同构建和发展新知识的过程,并将其分为内向型知识共创和外向型知识共创两类。企业-顾客知识共创不仅要关注企业对顾客知识的整合利用进而促进企业的知识创造,还要强调顾客对企业知识的融合和创新,突出顾客的创造潜力。本书主要从企业逻辑、顾客逻辑以及知识共创环境三个层面来分析,得出企业-顾客知识共创的过程机制模型。

7.2 理论贡献

通过大量的文献阅读,本研究系统总结和充分借鉴前人相关研究成果和研究方法,并通过探索性案例研究以及归纳演绎和逻辑推理,形成论文的主要理论观点和研究假设,在此基础上,进行了大样本实地调研,并通过科学的数理统计分析,对研究假设的科学性和有效性进行了验证。本研究进一步深化和拓展了顾客参与新产品开发的理论研究,在研究情境、研究视角和研究内容等方面有一定的创新性和理论贡献,对后续相关研究也有一定借鉴意义。

7.2.1 从企业与顾客知识共创的视角研究顾客参与新产品开发问题

顾客参与新产品开发已经获得理论界和实践界的广泛关注,其对新产品开发绩效的积极作用也已获得学界认可。但对于其间接效应明显缺乏足够的关注,即对于顾客参与对新产品开发绩效的作用机制的"黑箱"尚未被完全打开。已有的很多关于顾客参与对新产品开发绩效影响的研究都基于信息处理的视角,特别是传统的线下参与情境研究,大多从单向参与企业创新的视角出发,将顾客仅仅视为企业创新活动中的信息提供者,主要关注企业如何获取顾客信息以提升创新绩效,低估了顾客的"合作创造者"角色,缺乏对企业-顾客双向互动、共同创造的重视。在线情境下,已有些研究开始关注企业-顾客双向互动和共创,但大多是理论阐述,或简单的案例研究,大多专注于顾客参与阶段、顾客所扮演的角色等方面的探索,对于在线情境下企业-顾客互动对新产品开发绩效的影响仍缺乏系统的研究。本研究突破以往研究的不足,将顾客参与新产品开发从"企业利用顾客知识"向"企业与顾客共同创造知识"的转变,为相关领域研究的深入开展提供了新的视角。

7.2.2 对企业-顾客在线互动的概念和维度构成进行了明确的分析界定

在继承现有关于顾客参与新产品开发研究的基础上,针对已有研究存在的不足,并基于顾客在线参与企业新产品开发越来越普遍这一现实,本研究将顾客参与新产品开发的情境,从传统的顾客线下实体性和单向性参与,延伸至网络虚拟环境下的企业-顾客在线双向互动,突出企业-顾客的双向作用过程,并扩展、提炼企业-顾客在线互动这一基本概念,探索其内涵及构成要素,将其划分为信息导向互动、关系导向互动和任务导向互动三个维度,并通过理论分析、实地访谈和实证分析等开发出相应的测量量表,为顾客参与新产品开发研究的进一步深入开展提供了借鉴和参考。

7.2.3 构建了企业-顾客在线互动、知识共创和新产品开发绩效的作用关系模型

在顾客参与对新产品开发绩效的影响机制方面,大量文献对其进行了研究,但对于其间接效应明显缺乏足够的关注,即对于顾客参与对新产品开发绩效的作用机制的"黑箱"尚未被完全打开。学者们大多从知识获取、知识转移、知识整合、关系嵌入等视角展开研究,对企业-顾客双向互动、共同创造关注不够。在线情境下,已有些研究开始关注企业-顾客双向互动和共创,但大多是理论阐述,或简单的案例研究,专注于顾客参与阶段、顾客所扮演的角色等方面的探索,对于在线情境下企业-顾客互动对新产品开发绩效的影响仍缺乏系统的研究。本研究深入到企业与顾客合作创新的本质层面,从知识共创这一新颖视角出发,通过对四个新产品开发项目的探索性案例研究,并以浙江省内 202 个具有企业-顾客在线互动经历的新产品开发项目为实证分析对象进行大样本调查分析,以及归纳演绎和逻辑推理,就企业-顾客在线互动对知识共创及新产品开发绩效的具体作用机制,构建相应的理论模型,探明各变量、维度间的具体作用路径、方式和程度,进行较系统的理论和实证研究。本研究突出了顾客的"合作创造者"角色,将顾客参与、知识管理和新产品开发理论系统化地联系起来,揭示企业-顾客在线互动对新产品开发绩效作用机制的"黑箱",对顾客参与新产品开发的理论研究做了重要的补充和完善。

7.2.4 对企业-顾客知识共创的概念和维度构成做了明确的分析界定,并揭示了企业-顾客知识共创的过程机制

本研究提出了企业-顾客知识共创这一基本概念,探索其内涵及构成要素,将其划分为外向型知识共创和内向型知识共创两个维度,并开发出相应

的测量量表。进一步地,还对企业-顾客如何实现知识共创的问题做深入的研究,通过理论梳理和典型案例分析,揭示企业-顾客知识共创的过程机制,探明外向型知识共创和内向型知识共创具体的实现路径和步骤,深入剖析顾客参与新产品开发的创新规律,为相关领域进一步的深入研究提供借鉴和参考。

7.3　管理启示

7.3.1　高度重视并积极搭建企业-顾客在线互动平台

企业应深刻认识到网络虚拟环境下的企业-顾客在线合作创新,是知识经济和网络经济时代的大势所趋。高度重视企业-顾客在线互动对新产品开发绩效的积极作用,并实现从顾客单向参与到企业-顾客双向互动的合作创新理念转变。同时不断加快网络软硬件设施建设步伐,通过企业网站、虚拟实验室、创新工具箱、在线社区、网络论坛、社会化媒体、即时通信工具等互联网(含移动互联)渠道建设,尽快搭建起企业-顾客在线互动的基础性网络平台,并不断提高其易用性、有用性和交互性。

7.3.2　积极采取多种有效的企业-顾客在线互动方式

企业一是要充分利用网络平台,通过论坛发帖、在线调查、官方微博、微信服务号、在线客服等方式,广泛开展以创新信息资源交流、分享为导向的企业-顾客在线互动;二是要围绕特定创新任务与顾客进行深入交流和协作,通过创意征集、产品讨论、技术交流、新产品测试、任务众包等创新活动,实现任务导向的企业-顾客在线互动。有条件的企业应充分利用 3D 软件、虚拟现实技术等先进技术,建立虚拟实验室,或开发顾客创新工具箱,提高顾客参与的深度和便利性,充分获取、整合顾客知识,提升新产品开发绩效;三是对以满足顾客情感需求、维系双方信任合作关系为导向的企业-顾客在线互动,也应予以足够重视,以不断激发顾客的在线互动热情。

7.3.3 不断强化顾客的知识创造能力和意愿,有效实现外向型知识共创

与顾客在线互动过程中,企业一是要善于发现有较强知识创造能力和意愿的重点顾客,如有超前需求和较高期望收益的领先顾客,或有较强专业能力的顾客,就是企业应重点关注的外向型知识共创主体;二是要通过产品和技术知识分享、顾客在线培训、创新资源投入、创新过程引导等信息和任务导向互动方式,不断提升顾客的专业知识和创新能力;三是要通过倡导创新文化、设置物质或精神激励、完善顾客情感体验、培养顾客认同感和信任感等关系导向互动方式,不断增强顾客知识创造的主动性、积极性和持续性。

7.3.4 努力提升企业的顾客知识管理意识和能力,有效实现内向型知识共创

与顾客在线互动过程中,企业一方面要有意识地通过与不同类型顾客的信息分享、任务协作等互动活动,高效获取多样化、异质性的顾客知识(市场、技术、创意概念等),以不断增加企业知识存量,为内向型知识共创奠定基础;另一方面,企业还要不断完善内部创新组织形式和知识管理流程,如建立专门的知识管理部门、构建虚拟创新组织等,以提升顾客知识的共享、整合、转化和利用能力,有效实现内向型知识共创,并将其应用于新产品开发实践。

7.4 研究局限与未来研究展望

7.4.1 本研究的局限性

本书虽然就企业-顾客在线互动对新产品开发绩效的作用机制进行了深入研究,但鉴于所研究问题的复杂性以及笔者研究能力、时间和精力等客观条件所限,使本研究不可避免地存在一定的局限性,需要在未来研究中加以深化和完善,主要表现在以下方面:一是尽管本研究花费大量的时间和精力进行问卷调查,尽量兼顾不同类型的企业以及不同类型的新产品开发项目,以保证有效

问卷的数量和质量。但本研究仅以浙江省内的 202 家具有顾客在线参与新产品开发经历的企业的新产品开发项目为样本,在样本的区域选择上相对过于狭窄,难以排除该区域企业固有特性的影响,在一定程度上影响了研究结果的普适性;二是未充分考虑其他可能的影响因素或变量,如行业特征、企业规模、企业年龄、研发投入、新产品开发具体项目特征、企业吸收能力等;三是企业-顾客在线互动各维度之间可能存在一定的协同或交互效应,本书未对此做深入剖析。在未来研究中,应充分考虑上述问题,就企业-顾客在线互动对新产品开发绩效的影响机制做更为深入和系统的研究。

7.4.2 未来研究展望

基于前人和本论文的研究成果,考虑到本研究的局限性,在顾客参与与新产品开发绩效相关研究领域,还可以在以下三个方面做进一步深入研究。

1. 基于权变视角深化对企业-顾客在线互动不同作用情境的研究

本研究已经得出企业-顾客在线互动通过知识共创的部分中介作用影响新产品开发绩效,然而企业-顾客在线互动与知识共创的作用关系还受到创新情境因素的影响,不同创新情境下的作用效果可能会有所不同。因此,后续研究需进一步探索诸如产品创新类型、顾客特征、企业吸收能力、环境不确定性等各种复杂的调节变量和情境因素,以深化对企业-顾客在线互动作用情境的理解,进一步丰富和完善顾客参与于新产品开发绩效相关研究,并为新产品开发实践中根据创新情境特征有效构建相应的企业-顾客在线互动模式提供借鉴和参考。

2. 新产品开发阶段对企业-顾客在线互动的影响和匹配机制研究

新产品开发是一个阶段性的、复杂的过程,本研究将其作为一个整体,选取静态数据进行研究,没有对新产品开发不同阶段进行细化研究,后续研究可以选择若干个典型企业案例,针对新产品开发的不同阶段,做时间序列的全称跟踪调查、网络志分析和动态比较分析,探索新产品开发阶段对企业-顾客在线互动的影响和匹配机制,以明确与不同新产品开发阶段相匹配的有效互动模式,把握最佳互动时机,进而提升企业-顾客合作创新的绩效。

3. 进一步的实证研究

在本书的实证研究中,由于样本的容量、区域选择和调研对象等方面的限制,以及采用主观评价式测量等原因,使得研究结论的科学性和普适性尚有待进一步实证研究的检验。因此在后续研究中,有必要通过更全面、深入、科学的实证研究,对理论模型做进一步的验证和完善。未来研究应以更加开放的思维,积极尝试通过不同的方式获取研究所需的数据,增加样本企业的数量,扩大样本企业的地域覆盖范围,从而增强研究结论的普适性。同时,未来研究中应该用更加客观的方法对变量进行测度,并提高测度题项的精确性和全面性,调研对象也不应局限于企业内部人员,还应将顾客纳入调研的范围,对企业和顾客进行综合分析,从企业、顾客双方的角度获取对于整体情况以及各变量测量的客观评价,从而更加全面、准确地研究企业-顾客在线互动对新产品开发绩效的影响。

此外,本研究以企业-顾客在线互动为研究对象,所涉及的顾客在线参与的方式和途径较为广泛,后续研究应寻找典型的在线顾客社区、虚拟实验室或顾客创新工具箱等典型案例进行分析,或针对某一类顾客在线参与方式,如在线社区,选择若干个在线顾客社区做深入的案例研究,进一步探索在线社区中企业与顾客如何互动、如何实现知识共创及其对新产品开发绩效的影响机制,以进一步验证和完善本研究结果。

参考文献

[1]Abbasa F. Factors Promoting Knowledge Sharing & Knowledge Creation in Banking Sector of Pakistan[J]. Management Science Letters,2003,3: 405-414.

[2]Alam I, Perry C. A Customer-oriented New Service Development Process [J]. Journal of Services Marketing,2002,16(6):515-534.

[3]Alam I. An Exploratory Investigation of User Involvement in New Service Development[J]. Journal of the Academy of Marketing Science,2002,30 (3):250-261.

[4]Alam I. Customer Interaction in Service Innovation: Evidence from India Intekhab[J]. International Journal of Emerging Markets,2013,8(1):41-60.

[5]Alam I. Removing the Fuzziness From the Fuzzy Front-end of Service Innovations through Customer Interactions [J]. Industrial Marketing Management,2006,35:468-480.

[6]Andreassen T W, Streukens S. Service Innovation and Electronic Word-of-mouth: Is It Worth Listening to[J]. Managing Service Quality,2009,19 (3):249-265.

[7]Antikainen M, Ahonen M. How to Attract Customers to Innovate in an Online Community Maintained by a Company [DB/OL]. http://pdf. aminer. org/000/244/842/Customer Integration with Virtual Communities Case Study the Online Community. pdf,2010-10-11.

[8]Antonio C L, Gloria C R, Carmen C M. Social and Organizational Capital: Building the Context for Innovation[J]. Industrial Marketing Management, 2010,39:681-690.

[9]Auh S, Bell S J, Mcleod C S, et al. Co-production and Customer Loyalty

in Financial Services[J]. Journal of retailing,2007,83(3):359-370.

[10]Barczak G. New Product Strategy, Structure, Process, and Performance in the Telecommunication Industry[J]. Journal of Product Innovation Management,1995(12):224-234.

[11]Bidault F, Cummings T. Innovating through Alliances: Expectations and Limitations[J]. R&D Management,1994,24(2):33-45.

[12]Blazevic V, Lievens A. Managing Innovation Through Customer Coproduced Knowledge in Electronic Services:An Exploratory Study[J]. The Journal of Academy of Marketing Science,2008,36:138-151.

[13]Boisot M H, Benita C. The I-space, a Framework for Analyzing the Evolution of Social Computing[J]. Technovation,1999(19):525-536.

[14]Bonner J M, Walker O C. Selecting Influential Business-to-business Customers in New Product Development, Relational Embeddedness and Knowledge Heterogeneity Considerations [J]. Journal of Product Innovation Management,2004,21(3):155-169.

[15]Bonner J M. Customer Interactivity and New Product Performance: Moderating Effects of Product Newness and Product Embeddedness[J]. Industrial Marketing Management,2010,39:485-492.

[16]Bossink B A G. The Strategic Function of Quality in the Management of Innovation[J]. Total Quality Management,2002,13(2):195-205.

[17]Brown J S, Duguid P. Organizational Learning and Communities of Practice: toward a Unified View of Working, Learning, and Innovating [J]. Organization Science,1991,2(1):40-57.

[18]Brown S L, Eisenhardt K M. Product Development:Past Research, Present Findings, and Future Directions[J]. Academy of Management Review,1995,20(2):343-378.

[19]Bruce M, Leverick F, Littler D, et al. Success Factors for Collaborative Product Development: A Study of Suppliers of Information and Communication Technology[J]. R&D Management,1995,25(1):134-145.

[20]Campbell A J, Cooper R G. Do Customer Partnerships Improve New Product Success Rates[J]. Industrial Marketing Management, 1999, 28

(5):507-519.

[21]Campbell A J. Creating Customer Knowledge Competence: Managing Customer Relationship Management Programs Strategically[J]. Industrial Marketing Management,2003,32(5):375-383.

[22]Carbonell P, Rodriguez-Escudero A I, Pujari D. Performance Effects of Involving Lead Users and Close Customers in New Service Development [J].Journal of Service Marketing,2011,26(6-7):497-509.

[23]Carbonell P, Rodriquez-Escudero A I, Pujari D. Customer Involvement in NSD: an Examination of Antecedents and Outcomes [J]. Journal of Product Innovation Management,2009(26):536-550.

[24]Casalā L, Flāvian C, Guinalāu M. The Impact of Participation in Virtual Brand Communities on Consumer Trust and Loyalty: The Case of Free Software[J]. Online Information Review,2007,31(6):775-792.

[25]Chan H C. Linkage Community Based Innovation and Speed to Market: The Mediating role of New Product Development Process [J]. The International Journal of Organizational Innovation,2010,2(4):49-60.

[26]Chen J S, Tsou H T, Ching R K H. Co-production and its Effects on Service Innovation [J]. Industrial Marketing Management, 2011 (40): 1331-1346.

[27]Chesbrough H W. Open Innovation:A New Paradigm for Understanding Industrial Innovation[M]. Boston, MA: Oxford University Press,2006: 211-222.

[28]Chesbrough H W. Open Innovation: the New Imperative for Creating and Profiting from Technology[M]. Boston, MA: Harvard Business School Press,2003:110-123.

[29]Chesbraugh H W, Crowther A K. Beyond High Tech: Early Adopters of Open Innovation in Other Industries[J]. R & D. Management, 2006,36 (3):229-236.

[30]Christensen C M. The Innovator's Dilemma:When New Technologies Cause Great firms to Fail[M]. Cambridge, MA: Harvard Business School Press,1997.

[31]Christinaö berg. Customer Roles in Innovations[J]. International Journal of Innovation Management,2010,14(6):989-1011.

[32]Chu K M, Chan H C. Community Based Innovation: Its Antecedents and Its Impact on Innovation Success[J]. Internet Research, 2009, 19 (5): 496-516.

[33]Churchill G. A Paradigm for Developing Better Measures Constructs of Marketing[J]. Journal of Marketing Research,1979,16(1):64-73.

[34]Cohen D. Toward a Knowledge Context: Report on the First Annual UC Berkeley Forum on Knowledge and the Firm [J]. California Management Review,1998,40(3),22-39.

[35]Cook K S, Emerson R M. Power, Equity and Commitment in Exchange networks[J]. American Sociological Review,1978,43(43):721-739.

[36]Cooper R G, Kleinschmidt E J. New Products:What Separates Winners from Losers[J]. Journal of Product Innovation Management,1987,4(3): 169-184.

[37]Cooper R G, Kleinschrnidt E J. Winning Business in Product Development: The Critical Success Factors[J]. Research Technology Management,2001,41 (4):20-33.

[38]Cooper R G. Overhauling the New Product Process [J]. Industrial Marketing Management,1996,25(6):465-482.

[39]Crossan M M. An Organizational Learning Framework, from Intuition to Institution[J]. Academy of Management Review,1999,24(3):522-537.

[40]Cui A S, Wu F. The Impact of Customer Involvement on New Product Development: Contingent and Substitutive Effects[J]. Journal of Product Innovation Management,2017,34(1):60-80.

[41]Dahan E, Hauser J R. The Virtual Customer:Communication, Conceptualization, and Computation[J]. Journal of Product Innovation,2002.

[42]Dahlsten F. Hollywood Wives Revisited: a Study of Customer Involvement in the XC90 Project at Volvo Cars[J]. European Journal of Innovation Management, 2004,7(2):141-149.

[43]Day G S. The Capabilities of Market-driven Organizations[J]. Journal of

Marketing,1994,56(5):37-52.

[44] Della Corte V, Lavazzi A, Andrea D. Customer Involvement through Social Media: the Cases of Some Telecommunication Firms[J]. Journal of Open Innovation: Technology, Market, and Complexity,2015(1):1-10.

[45] Dennis A P, Fowler D. Online Consumer Communities and Their Value to New Product Developers[J]. Journal of Product & Brand Management, 2005,14(5):283-291.

[46] Dholakiaa U M, Bagozzia R P, Pearo L K. A Social Influence Model of Consumer Participation in Network and Small-group-based Virtual Communities[J]. International Journal of Research in Marketing,2004, 21:241-263.

[47] Di Gangi P M, Wasko M. Steal My Idea! Organizational Adoption of User Innovations from a User Innovation Community: A Case Study of Dell IdeaStorm[J]. Decision Support Systems,2009,48(1):303-312.

[48] Dierickx I, Karel C. Asset Stock Accumulation and Sustainability of Competitive Advantage [J]. Management Science, 1989, 35 (12): 1504-1514.

[49] Dolan R, Mathews J. Maximizing the Utility of Customer Product Testing: Beta Test Design and Management [J]. Journal of Product Innovation Management,1993,10(4):318-330.

[50] Drueker P F. Post-capitalist Society [M]. Oxford: Butterworth Heinemann,1993.

[51] Eisenhardt K M. Building Theories from Case Study Research [J]. Academy of Management Review,1989,14(4):532-550.

[52] Enkel E. Managing the Risk of Customer Integration[J]. European Management Journal,2005,23(2):203-213.

[53] Erat P, Desouza K C, Schäferjugel A, et al. Business Customer Communities and Knowledge Sharing: Exploratory Study of Critical Issues[J]. European Journal of Information Systems, 2006, 15 (5): 511-524.

[54] Erden Z, Krogh G V, Nonaka I. The Quality of Group Tacit Knowledge

[J]. Journal of Strategic Information Systems,2008,17:4-18.

[55]Evans P, Wolf B. Collaboration Rules[J]. Harvard Business Review,
2005,83:96-104.

[56]Fang E. Customer Participation and the Trade-off between New Product
Innovativeness and Speed to Market[J]. Journal of Marketing,2008,72
(4):90-104.

[57]Farrell M P. Collaborative Circles: Friendship Dynamics and Creative
Work[M]. Chicago: University of Chicago Press,2001.

[58]Filieri R. Consumer Co-creation and New Product Development: A Case
Study in the Food Industry[J]. Marketing Intelligence & Planning,2013,
31(1):40-53.

[59]Flavian C, Guinaliu M. The Influence of Virtual Communities on
Distribution Strategies in the Internet[J]. International Journal of Retail
and Distribution Management,2005,33:405-425.

[60]Fong P S W. Knowledge Creation in Multidisciplinary Project Teams: An
Empirical Study of the Processes and Their Dynamic Inter-relationships
[J]. International Journal of Project Management,2003,21(7):479-486.

[61]Fornell C, Larcher D. Evaluating Structural Equation Models with
Unobservable Variables and Measurement Error[J]. Journal of Marketing
Research,1981,18:39-50.

[62]Foss N J, Laursen K, Pedersen T. Linking Customer Interaction and
Innovation: the Mediating Role of New Organizational Practices[J].
Organization Science,2011,22(4):980-999.

[63]Fowler F J. Survey Research Methods[M]. Newbury Park, CA: Sage
Publications, Inc,1988.

[64]Franke N, Hippel E. Satisfying Heterogeneous User Needs via Innovation
Toolkits: The Case of Apache Security Software[J]. Research Policy,
2003,32:1199-1215.

[65]Franke N, Piller F. Value Creation by Toolkits for User Innovation and
Design: The Case of The Watch Market[J]. Journal of Product Innovation
Management,2004,21(6):401-415.

［66］Franke N, Shah S. How Communities Support Innovative Activities: An Exploration of Assistance and Sharing Among End-Users［J］. Research Policy,2003,32(1):157-178.

［67］Franke N, Von Hippel E, Schreier M. Finding Commercially Attractive User Innovations: A Test of Lead User Theory［J］. Journal of Product Innovation Management,2006,23(4):301-315.

［68］Franz R, Wolkinger T. Customer Integration with Virtual Communities ［C］. Proceedings of the 36th Hawaii International Conference on System Sciences,2003.

［69］Friesen G B. Co-creation: When 1 And 1 Make 11［J］. Consulting to Management,2001,12(1):28-31.

［70］Fuller J, Bartl M, Ernst H, Et Al. Community Based Innovation: How to Integrate Members of Virtual Communities into New Product Development［J］. Electronic Commerce Research,2006,6(1):57-73.

［71］Fuller J, Jawecki G, MüHlbacher H. Innovation Creation by Online Basketball Communities［J］. Journal of Business Research,2007,60:60-71.

［72］Fuller J, Matzle K. Virtual Product Experience and Customer Participation-A Chance for Customer-Centred, Really New Products［J］. Technovation , 2007 (27):378-387.

［73］Fuller J, Matzler K, Hoppe M. Brand Community Members as a Source of Innovation［J］. Journal of Product Innovation Management,2008,25: 608-619.

［74］Gales L, Mansour-Cole D. User Involvement in Innovation Projects: Toward an Information Processing Model［J］. Journal of Engineering and Technology Management,1995,12(1/2):77-109.

［75］Gemser G, Perks H. Co-creation with Customers: An Evolving Innovation Research Field ［ J ］. Journal of Product Innovation Management,2015,32(5):660-665.

［76］Gerwin D. Coordinating New Product Development in Strategic Alliances ［J］. Academy of Management Review,2004,29(2):241-257.

［77］Ghoshal S, Tsai W. Social Capital and Value Creation: The Role of Intra-

Firm Networks [J]. Academy of Management Journal, 1998, 41 (4): 464-476.

[78] Gibbert M, Leibold M, Probst G. Five Styles of Customer Knowledge Management, and How Smart Companies Use Them to Create Value[J]. European Management Journal, 2002, 20(5):459-69.

[79] Glaser B G, Strauss A L. The Discovery of Grounded Theory: Strategies for Qualitative Research[M]. Hawthorne, NY: Aldine De Gruyter, 1967.

[80] Gourlay S. Conceptualizing Knowledge Creation: A Critique of Nonaka's Theory[J]. Journal of Management Studies, 2006, 43(7):1415-1436.

[81] Grant R M. Toward A Knowledge-Based Theory of the Firm[J]. Strategic Management Journal, 1996(17):109-112.

[82] Griffin A, Page A. PDMA Success Measurement Project: Recommended Measures for Product Development Success and Failure[J]. Journal of Product Innovation Management, 1996, 13(6):478-496.

[83] Gruner K E, Homburg C. Does Customer Interaction Enhance New Product Success[J]. Journal of Business Research, 2000, 49(1):1-14.

[84] Gustafsson A, Kristensson P, Witell L. Customer Co-creation in Service Innovation: A Matter of Communication[J]. Journal of Service Management, 2012, 23(3):311-327.

[85] Hall H, Graham D. Creation and Recreation: Motivating Collaboration to Generate Knowledge Capital in Online Communities [J]. International Journal of Information Management, 2004, 24:1-10.

[86] Hansen M T. The Search-Transfer Problem, The Role of Weak Ties in Sharing Knowledge Across Organization Sub-units [J]. Administrative Science Quarterly, (1999), 44(1):82-111.

[87] Harari E. The Attack On Private Practice: Reformation or Deformation? [J]. Australasian Psychiatry, 1994, 2(5):213-215.

[88] Hargadon A B, Bechky B A. When Collections of Creatives Become Creative Collectives: A Field Study of Problem-solving at Work [J]. Organization Science, 2006, 17(4):484-500.

[89] Hars A, Ou S S. Working For Free? Motivations of Participating in Open

Source Projects[J]. International Journal of Electronic Commerce,2002,6 (3):25-39.

[90]Hemetsberger A, Pieters R. When Consumers Produce on the Internet: an Inquiry into Motivational Sources of Contribution to Joint-innovation [C]. Proceedings of the Fourth International Research Seminar on Marketing Communications and Consumer Behavior,2001:274-291.

[91]Hertel G, Niedner S, Herrmann S. Motivation of Software Developers in Open Source Projects: an Internet-Based Survey of Contributors to the Linux Kernel[J]. Research Policy,2003,32:1159-1177.

[92]Hippel E, Katz R. Shifting Innovation to Users via Toolkits [J]. Management Science,2002,48(7):821-833.

[93]Hippel E, Krogh G. Open Source Software and the "Private-collective" Innovation Model: Issues for Organization Science [J]. Organization Science,2003,14(2):209-223.

[94]Hippel E. "Sticky Information" and the Locus of Problem Solving: Implications for Innovation [J]. Management Science, 1994, 40 (40): 429-439.

[95]Hippel E. Perspective: User Toolkits for Innovation[J]. The Journal of Product Innovation Management,2001,18:247-257.

[96]Hoffman D L, Novak T P. Marketing in Hypermedia Computer Mediated Environments: Conceptual Foundations[J]. Journal of Marketing,1996,60 (7):50-68.

[97]Holmquist M. Learning in Imaginary Organizations, Creating Inter-organizational Knowledge [J]. Journal of Organizational Change Management,1999,12(5):419-438.

[98]Holsapple C W, Singh M. The Knowledge Chain Model: Activities for Competitiveness[J]. Expert Systems with Applications, 2001, 20 (1): 77-98.

[99]Hoyer W D, Chandy R, Dorotic M, Et Al. Consumer Co-creation in New Product Development [J]. Journal of Service Research, 2010, 13 (3): 283-296.

[100]Ives B, Olson M H. User Involvement and MIS Success: A Review of Research[J]. Management Science,1984,30:586-603.

[101]Jakubik M. Experiencing Collaborative Knowledge Creation Processes [J]. The Learning Organization,2008,15(1):5-25.

[102]Jeppesen L B, Frederiksen L. Why do Users Contribute to Firm-hosted User Communities? The Case of Computer-controlled Music Instruments [J]. Organization Science,2006,17(1):45-63.

[103]Jeppesen L B. User Toolkits for Innovation:Consumers Support Each Other[J]. The Journal of Product Innovation Management,2005,22:347-362.

[104]Johannessen J A, Olaisen O B. Aspects of Innovation Theory Based on Knowledge-Management [J]. International Journal of Information Management,1999,19(2):121-139.

[105]Kahn K B, Mcdonough III E F. An Empirical Study of the Relationships among Co-location, Integration, Performance and Satisfaction [J]. Journal of Product Innovation Management,1997,14(3):161-178.

[106]Kambil A, Friesen G B, Sundaram A. Co-creation:A New Source of Value[J]. Outlook Magazine,1999,3(2):23-29.

[107]Kano N, Seraku N, Takahashi F, Et Al. Attractive Quality and Must-Be Quality[J].Journal of the Japanese Society for Quality Control,1984, 14(2):147-156.

[108]Kaulio M A. Customer, Consumer and User Involvement in Product Development: A Framework and a Review of Selected Methods[J]. Total Quality Management,1998(1):141-149.

[109]Kodama M. Customer Value Creation Business through Learning Processes with Customers:Case Studies of Venture Businesses in Japan [J]. Managing Service Quality:An International Journal,2001,11(3): 160-174.

[110]Kohlbacher F. Knowledge-Based New Product Development:Fostering Innovation through Knowledge Co-Creation[J]. Technology Intelligence and Planning,2008,4(3):326-346.

[111]Kohler C F, Rohm A J, De Ruyter K, Et Al. Return on Interactivity: The Impact of Online Agents On New-Comer Adjustment[J]. Journal of Marketing,2011,75(2):93-108.

[112]Kohler T, Matzler K, Fu Ller J. Avatar-Based Innovation: Using Virtual Worlds for Real-world Innovation[J]. Technovation,2009(29): 345-407.

[113]Kristensson P, Gustafsson A, Archer T. Harnessing the Creative Potential among Users[J]. Journal of Product Innovation Management, 2004,2:4-14.

[114]Kristensson P, Gustafsson A, Archer T. Harnessing the Creative Potential among Users[J]. Journal of Product Innovation Management, 2004,21(1):4-14.

[115]Kristensson P, Magnusson P R, Matthing J. Users as a Hidden Resource for Creativity: Findings from an Experimental Study on User Involvement[J]. Creativity and Innovation Management,2002,11(1): 55-61.

[116]Kristensson P, Matthing J, Johansson N. Key Strategies for the Successful Involvement of Customers in the Co-Creation of New Technology-Based Services[J]. International Journal of Service Industry Management,2008,19(4):474-491.

[117]Krogh G, Spaeth S, Lakhani K. R. Community, Joining, and Specialization in Open Source Software Innovation: A Case Study[J]. Research Policy,2003,32:1217-1241.

[118]Krogh V G, Roos J. Managing Knowledge, Perspectives on Cooperation and Competition[M]. London: Sage Publications,1998.

[119]Lagrosen S. Customer Involvement in New Product Development: A Relationship Marketing Perspective[J]. European Journal of Innovation Management,2005,8(4):424-436.

[120]Lakhani K R, Hippel E. How Open Source Software Works: "Free" User-To-User Assistance[J]. Research Policy,2003,32:923-943.

[121]Lakhani K R, Wolf R G. Why Hackers Do What They Do:

Understanding Motivation and Effort in Free/Open Source Software Projects[J]. Organization Science,2006,17(1):45-63.

[122]Lamberti L, Noci G. Online Experience as a Lever of Customer Involvement in NPD: An Exploratory Analysis and a Research Agenda [J]. Euro Med Journal of Business,2009,4(1)69-87.

[123]Lau A K W, Tang E, Yam R C M. Effects of Supplier and Customer Integration on Product Innovation and Performance: Empirical Evidence in Hong Kong Manufacturers [J]. Journal of Product Innovation Management,2010,27(5):761-777.

[124]Lee C S, Kelkar R S. ICT and Knowledge Management: Perspectives from The SECI Model[J]. The Electronic Library,2013,31(2):226-243.

[125]Lee G K, Cole R E. From a Firm-based to a Community-based Model of Knowledge Creation: The Case of The Linux Kernel Development[J]. Organization Science,2003,14(6):633-649.

[126]Lee V, Oguntebi J. Toward Learning and Knowledge Creation: Operationalising the Social Learning Cycle [J]. Journal of General Management,2012.

[127]Lengnick-Hall C A. Customer Contributions to Quality: A Different View of the Customer-Oriented Firm [J]. Academy of Management Review,1996,21(3):791-824.

[128]Leonard D, Sensiper S. The Role of Tacit Knowledge in Group Innovation [J]. California Management Review,1998,40(3):112-132.

[129]Leonard-Barton D A, Sinha D K. Developer-user Interaction and User Satisfaction in Internal Technology Transfer [J]. Academy of Management Journal,1993,36(5):1125-1139.

[130]Lin X, Germain R. Antecedents to Customer Involvement in Product Development: Comparing US and Chinese Firms[J]. European Management Journal,2004,22(2):244-255.

[131]Lundkvist A, Yakhlef A. Customer Involvement in New Service Development: A Conversational Approach[J]. Managing Service Quality, 2004,14:249-257.

[132]Maccormack A. Product-Development Practices That Work: How Internet Companies Build Software[J]. MIT Sloan Management Review, 2001, Winter:75-84.

[133]Madhavan R, Grover R. From Embedded Knowledge to Embodied Knowledge: New Product Development as Knowledge Management[J]. Journal of Marketing,1998,62(4):1-12.

[134]Mahr D, Lievens A, Blazevic V. The Value of Customer Co-created Knowledge During the Innovation Process[J]. Journal of Product Innovation Management,2014,31(3):599-615.

[135]Mascarenhas O A, Kesavan R, Bernacchi M. Customer Value-Chain Involvement for Co-Creating Customer Delight[J]. Journal of Consumer Marketing,2004,21(7):486-496.

[136] Matthing J, Sanden B, Edvardsson B. New Service Development: Learning from and with Customers[J]. International Journal of Service Industry Management,2004,15(5):479-498.

[137]Matzler K, Hinterhuber H H. How to Make Product Development Projects More Successful by Integrating Kano's Model of Customer Satisfaction into Quality Function Deployment[J]. Technovation,1998, 18(1):25-38.

[138]Mcfadyen M A, Cannella A A. Social Capital and Knowledge Creation: Diminishing Returns of the Number and Strength of Exchange Relationships [J]. Academy of Management Journal, 2004, 47 (5): 735-746.

[139]Medsker G J, Williams LJ, Holahan P J. A Review of Current Practices for Evaluating Causal Models in Organizational Behavior and Human Resources Management Research[J]. Journal of Management,1994,20: 439-464.

[140]Miles M B, Huberman A M. Qualitative Data Analysis[M]. Newbury Park, CA: Sage,1994:228-245.

[141]Milliken F J, Martins L L. Searching for Common Threads: Understanding the Multiple Effects of Diversity in Organizational Groups

[J]. Academy of Management Journal,1996,21(2):402-433.

[142]Mohaghar A, Jafarnejad A, Mood M M, Et Al. A Framework to Evaluate Customer Knowledge Co-Creation Capacity for New Product Development[J]. African Journal of Business Management,2012,6(21): 6401-6414.

[143]Mohr J, Nevin J. Communication Strategies in Marketing Channels: A Theoretical Perspective[J]. Journal of Marketing,1990,50(1):36-51.

[144]Morrison P D, Rorbert J H, Midgley D F. The Nature of Lead Users and Measurement of Leading Edge Status[J]. Research Policy,2004,33: 351-362.

[145]Muller E, Zenker A. Business Services as Actors of Knowledge Transformation: The Role of KIBS in Regional and National Innovation Systems[J]. Research Policy,2001,30:1501-1516.

[146]Nambisam S, Robert A. B. Virtual Customer Environments: Testing a Model of Voluntary Participation in Value Co-creation Activities[J]. Journal of Product Innovation Management,2009,26:388-406.

[147]Nambisan S, Baron R. Virtual Customer Environments: Testing a Model of Voluntary Participation in Value Co-creation Activities[J]. Journal of Product Innovation Management,2009,26(4):388-406.

[148]Nambisan S. Customer Networks, Entrepreneur Strategy, and Firm Growth: Insights from the Software Industry, Frontiers of Entrepreneurship Research[D]. Babson College, MA,2000:134-144

[149]Nambisan S. Designing Virtual Customer Environments for New Product Development: Toward a Theory[J]. Academy of Management Review, 2002,27(3):392-413.

[150]Nambisan S. Virtual Customer Environments: IT-Enabled Customer Co-Innovation and Value Co-creation[C]//Information Technology and Product Development. Annals of Information Systems,2010.

[151]Neale M R, Corkindale D R. Co-developing Products: Involving Customers Earlier and More Deeply[J]. Long Range Planning,1998,31(3):418-425.

[152]Ngamkroeckjoti C, Speece M. Technology Turbulence and Environmental

Scanning in Thai Food New Product Development [J]. Asia Pacific Journal of Marketing and Logistics,2008,20(4):413-432.

[153]Nicolajsen H W, Scupola A. Investigating Issues and Challenges for Customer Involvement in Business Services Innovation[J]. Journal of Business & Industrial Marketing,2011,26(5):368-376.

[154]Nonaka I, Reinmoeller P, Senoo D. The Art of Knowledge: System to Capitalize on Market Knowledge[J]. European Management Journal, 1998,16(6):673-684.

[155]Nonaka I. A Dynamic Theory of Organizational Knowledge Creation[J]. Organization Science,1994,5(1):14-37.

[156]Nonaka I. The Concept of "Ba": Building a Foundation for Knowledge Creation[J]. California Management Review,1998. 40(3):15-54.

[157]O'Reilly III C A, Caldwell D F, Barnett W P. Work Group Demography, Social Integration, and Turnover [J]. Administrative Science Quarterly,1989,34(1):21-37.

[158]Oberg C. What Happened with the Grandiose Plans? Strategic Plans and Network Realities in B2B Interaction [J]. Industrial Marketing Management,2010,39(6):963-974.

[159]Ogawa S, Piller F T. Reducing the Risks of New Product Development [J]. Sloan Management Review,2006,47(2):65-72.

[160]Oliver A, Ebers M. Networking Network Studies: An Analysis of Conceptual Configurations in the Study of Inter-organizational Relationships[J]. Organization Study,1998,19(4):549-583.

[161]Oreg S, Nov O. Exploring Motivations for Contributing to Open Source Initiatives: The Roles of Contribution Context and Personal Values[J]. Computers in Human Behavior,2008,24(5):2055-2073.

[162]Ornetzedera, M, Rohracherb H. User-led Innovations and Participation Processes: Lessons from Sustainable Energy Technologies[J]. Energy Policy,2006,34(2):138-150.

[163]Payne A F, Storbacka K, Frow P. Managing the Co-creation of Value [J]. Journal of The Academy of Marketing Science,2008,36(1):83-96.

［164］Pedrosa A M. Customer Integration during Innovation Development：An Exploratory Study in the Logistics Service Industry［J］. Creativity & Innovation Management,2012,21(3):263-276.

［165］Piller F T, Walcher D. Toolkits for Idea Competitions：A Novel Method to Integrate Users in New Product Development[J]. R&D Management, 2006,36(3):307-318.

［166］Pitta D A, Fowler D. Online Consumer Communities and their Value to New Product Developers[J]. Journal of Product & Brand Management, 2005,14(5):283-291.

［167］Poetz M K, Schreier M. The Value of Crowdsourcing：Can Users really Compete with Professionals in Generating New Product Ideas? ［J］. Journal of Product Innovation Management,2012,29(2):245-256.

［168］Polanyi. M. Personal Knowledge［M］. Landon：Landon Routledge, 1958:91-108.

［169］Prabhu J C, Chandy R K, Ellis M E. The Impact of Acquisitions on Innovation, Poison Pill, Placebo or Tonic［J］. Journal of Marketing, 2005,69(1):114-130.

［170］Prahalad C K, Ramaswamy V. Co-creating Unique Value with Customers[J]. Strategic and Leadership,2004a,32(3):4-9.

［171］Prahalad C K, Ramaswamy V. Co-creation Experiences：The Next Practice in Value Creation[J]. Journal of Interactive Marketing,2004b,18 (3):5-14.

［172］Prahalad C K, Ramaswamy V. Co-opting Customer Competence［J］. Harvard Business Review,2000,78(1):79-87.

［173］Rahim M A, Magner N R. Confirmatory Factor Analysis of the Styles of Handling Interpersonal Conflict：First-order Factor Model and its Invariance across Groups［J］. Journal of Applied Psychology, 1995, 80: 122-132.

［174］Ramani G, Kumar V. Interaction Orientation and Firm Performance[J]. Journal of Marketing,2008(72):27-45.

［175］Ramaswamy V. Co-creating Experiences with Customers：New

Paradigm of Value Creation[J]. Journal of Management,2004,3:56-78.

[176]Ramaswamy V. Co-creating Value through Customers' Experiences: The Nike Case[J]. Strategy and Leadership,2008,36(5):9-14.

[177]Rauniar R, Doll W, Rawski G, Et Al. The Role of Heavyweight Product Manager in New Product Development[J]. International Journal of Operations & Production Management,2008,28(2):130-154.

[178]Ridings C M, Gefen D, Arinze B. Some Antecedents and Effects of Trust in Virtual Communities[J]. Journal of Strategic Information Systems,2002,11(3):271-295.

[179]Rindfleisch A, Moorman C. The Acquisition and Utilization of Information in New Product Alliances, A Strength of Ties Perspective [J]. Journal of Marketing,2001,65:1-18.

[180]Ritter T, Walter A. Relationship-Specific Antecedents of Customer Involvement in New Product Development[J]. International Journal of Technology Management,2003,5(6):482-502.

[181]Rothwell R. Towards the Fifth-Generation Innovation Process [J]. International Marketing Review,1994,11(1):7-31.

[182]Rowley J, Teahan B, Leeming E. Customer Community and Co-creation: A Case Study[J]. Marketing Intelligence & Planning,2007,25(2): 136-146.

[183]Saadia M R, Pahlavanib N. The Effect of Social Capital on Knowledge Creation in Petrochemical Industry[J]. Management Science Letters, 2013,3:879-884.

[184]Sanden B. The Customer's Role in New Service Development[D]. Karlstad University Studies,2007:14.

[185]Sandmeier P, Morrison P D, Gassmann O. Integrating Customers in Product Innovation: Lessons from Industrial Development Contractors and In-House Contractors in Rapidly Changing Customer Markets[J]. Creativity & Innovation Management,2010,19(2):89-106.

[186]Sawhney M, Prandelli E. Beyond Customer Knowledge Management: Customers as Knowledge Co-creators[C]. Hershey, PA: Knowledge

Management and Virtual Organizations，IGI Publishing，2000：258-281.

[187]Sawhney M，Prandelli E. Beyond Customer Knowledge Management：Customers as Knowledge Co-creators[J]. Knowledge Management and Virtual Organizations，2000：258-282.

[188]Sawhney M，Prandelli E. Communities of Creation：Managing Distributed Innovation in Turbulent Markets[J]. California Management Review，2000，42(4)：24-54.

[189]Sawhney M，Verona G，Prandelli E. Collaborating to Create：The Intemet as A Platform for Customer Engagement in Product Innovation [J]. Journal of Interactive Marketing，2005，19(4)：4-17.

[190]Scharmer C O. Organizing around Not-yet-embodied Knowledge[M]. London：Palgrave Macmillan UK，2000：36-60.

[191]Shang R A，Chen Y C，Liao H J. The Value of Participation in Virtual Consumer Communities on Brand Loyalty[J]. Internet Research，2006，16(4)：398-418.

[192]Sheng M，Hartono R. An Exploratory Study of Knowledge Creation and Sharing in Online Community：A Social Capital Perspective[J]. Total Quality Management，2015，26(1)：93-107.

[193]Sherif K，Xing B. Adaptive Processes for Knowledge Creation in Complex Systems：The Case of a Global IT Consulting Firm [J]. Information & Management，2006，43(4)：530-540.

[194]Sherman D J，Souder W E，Jenssen S A. Differential Effects of the Primary Forms of Cross Functional Integration on Product Development Cycle Time[J]. Journal of Product Innovation Management，2000，17（4）：257-267.

[195]Sigala M. Social Networks and Customer Involvement in New Service Development（NSD）：The Case of www. mystarbucksidea. com [J]. International Journal of Contemporary Hospitality Management，2012，24(7)：966-990.

[196]Sigala，M. Exploiting Web 2. 0 For New Service Development：Findings and Implications From The Greek Tourism Industry[J]. International

Journal of Tourism Research,2012,14(6):551-566.

[197]Sivadas E, Dwyer F R. An Examination of Organizational Factors Influencing New Product Success In Internal And Alliance-based Processes[J]. Journal of Marketing,2000,64(1):31-49.

[198]Sofianti T D, Suryadi K, Govindaraju R, Et Al. Customer Knowledge Co-Creation Process in New Product Development [C]. London: Proceedings of The World Congress on Engineering,2010,2010.

[199]Souder W E, Sherman D, Cooper R D. Environment Uncertainty, Organizational Integration, and New Product Development Effectiveness: A Test of Contingency Theory[J]. Journal of Product Innovation Management,1998,5(6):520-533.

[200]Spanos Y E, Lioukas, S. An Examination into the Causal Logic of Rent Generation[J]. Strategic Management Journal,2001(22):907-934

[201]Subramaniam M, Youndt M A. The Influence of Intellectual Capital on the Types of Innovative Capabilities [J]. Academy of Management Journal,2005,48(3):45-463.

[202]Surowieck J. The Wisdom of Crowds[M]. New York: Anchor,2005.

[203]Szulanski G. The Process of Knowledge Transfer: A Diachronic Analysis of Stickiness[J]. Organizational Behavior and Human Decision Processes,2000,82:9-27.

[204]Thomke S. Experimentation Matters [M]. Boston, MA: Harvard Business School Press,2003.

[205]Thomke S. , Hippel E. Customers as Innovators: A New Way to Create Value[J]. Harvard Business Review,2002,4:74-80.

[206]Tikkanen H, Hietanen J, Henttonen T, Et Al. Exploring Virtual Worlds: Success Factors in Virtual World Marketing[J]. Management Decision,2009,47(8):1357-1381.

[207]Ulrich K T, Eppinger S D. Product Design and Development[M]. New York: Mcgraw Hill,2000.

[208]Ulwick A W. Turn Customer Input into Innovation [J]. Harvard Business Review,2002(1):91-97.

[209]Urban G L, Hippel E. Leader User Analyses for Development of New Industrial Products[J]. Management Science,1988(34):569-582.

[210]Uzzi B, Lancaster R. Relational Embeddedness and Learning: The Case of Bank Loan Managers and their Clients[J]. Management Science,2003,49(1):383-399.

[211]Uzzi B. Social Structure and Competition in Interfirm Networks: The Paradox of Embeddedness[J]. Administrative Science Quarterly,1997,42(1):35-68.

[212]Van De Ven A H. Central Problems in the Management of Innovation [J]. Management Science,1986,32(5):590-607.

[213]Van Dolen W M, Dabholkar P A, De Ruyter K. Satisfaction with Online Commercial Group Chat: The Influence of Perceived Technology Attributes, Chat Group Characteristics, and Advisor Communication Style[J]. Journal of Retailing,2007,83(3):339-358.

[214]Vargo S L, Lusch R F. Evolving to a New Dominant Logic for Marketing[J]. Journal of Marketing,2004,68(1),1-17.

[215]Verleye K. The Co-creation Experience from the Customer Perspective: Its Measurement and Determinants[J]. Journal of Service Management,2015,26(2):321-342.

[216]Von Hippel E, Katz R. Shifting Innovation to Users via Toolkits[J]. Management Science,2002,48(7):821-833.

[217]Von Hippel E, Krogh G. Open Source Software and the "Private-collective" Innovation Model: Issues for Organization Science [J]. Organization Science,2003,14(2):209-223.

[218]Von Hippel E. Lead Users: A Source of Novel Product Concepts[J]. Management Science,1986,32(7):791-805.

[219]Von Hippel, E. 1988. The Sources of Innovation. New York: Oxford University Press.

[220]Wayland R, Cole P. Customer Connections [M]. Boston: Harvard Business School Press,1997.

[221]Wenger E. Knowledge Management as a Doughnut: Shaping Your

Knowledge Strategy Through Communities of Practice[J]. Ivey Business Journal,2004,68(3):1-8.

[222]Wise E, Hoegenhaven C. User-Driven Innovation-Context and Cases in the Nordic Region[J]. Innovation Policy,2008.

[223]Wright M, Lockett A. The Structure and Management of Alliances: Syndication in the Venture Capital Industry[J]. Journal of Management Studies,2003,40.

[224]Wu J J, Chang Y S. Towards Understanding Members' Interactivity, Trust, and Flow in Online Travel Community [J]. Industrial Management & Data Systems,2005,105(7):937-954.

[225]Yin R K. Case Study Research: Design and Methods[M]. Thousand Oaks: Sage Publications,1994.

[226]Zollo M, Winter S G. Deliberate Learning and the Evolution of Dynamic Capabilities[J]. Organization Science,2002(13):339-351.

[227]陈力,宣国良.顾客知识整合对新产品开发绩效的影响[J].科学学研究,2007,25(1):147-151.

[228]陈天阁,张道武,汤书昆,等.企业知识创造机制重构[J].科研管理,2005,26(3):44-50.

[229]陈晓萍,徐淑英,樊景立.组织与管理研究的实证方法[M].北京:北京大学出版社,2008.

[230]程红莉.企业知识创造的场及其评价研究[J].科技管理研究,2013(2):138-141.

[231]褚建勋,汤书昆.基于顿悟学习的 Q_SECI 模型及其应用研究[J].科研管理,2007(7):95-99.

[232]戴智华,彭云峰,马王杰,等.考虑客户参与的新产品开发创新绩效研究[J].系统管理学报,2014,23(6):778-787.

[233]党兴华,李莉.技术创新合作中基于知识位势的知识创造模型研究[J].中国软学,2005(11):143-148

[234]范道津,郭瑜桥.对 SECI 知识创造模型的改进研究[J].西北农林科技大学学报(社会科学版),2008,8(4):77-80.

[235]高章存,汤书昆.基于认知心理学的企业知识创造机理探析——兼对野中

郁次郎 SECI 模型的一个拓展[J].情报杂志,2008(8):87-91.

[236]耿帅.基于共享性资源观的集群企业竞争优势研究[D].杭州:浙江大学,2005.

[237]耿新.知识创造的 IDE-SECI 模型——对野中郁次郎"自我超越"模型的一个扩展[J].南开商业评论,2003(5):11-15.

[238]郭强,施琴芬.企业隐性知识显性化的外部机理和技术模式[J].自然辩证法研究,2004(4):69-72.

[239]韩晓琳,马鹤丹.面向新产品开发的企业间合作知识创造机理研究[J].科技进步与对策,2014,31(4):114-119.

[240]卡麦兹,凯西.建构扎根理论:质性研究实践指南[M].边国英,译.重庆:重庆大学出版社,2009.

[241]孔鹏举,周水银.基于企业与顾客共同创造竞争优势的企业参与概念研究[J].管理学报,2013,10(5):722-729.

[242]李柏洲,赵健宇,苏屹.基于能级跃迁的组织学习—知识创造过程动态模型研究[J].科学学研究,2013,31(6):913-922.

[243]李海舰,王松.客户内部化——基于案例的视角[J].中国工业经济,2009(10):127-137.

[244]李怀祖.管理研究方法论[M].西安:西安交通大学出版社,2004:259-274.

[245]李民.复杂产品系统创新过程的知识创造机理及实证研究[D].南京:南京大学,2009.

[246]林筠,杨雪,李随成.隐性知识交流和转移与企业技术创新关系的实证研究[J].科研管理,2008,29(5):17-23.

[247]林筠,杨雪.知识型员工隐性知识的交流和转化对企业技术创新的影响研究[J].科研管理,2015,36(7):28-37.

[248]卢俊义,王永贵.顾客参与服务创新与创新绩效的关系研究——基于顾客知识转移视角的理论综述与模型构建[J].管理学报,2011,8(10):1566-1674.

[249]马庆国.管理统计[M].北京:科学出版社,2002:35-78.

[250]彭灿,胡厚宝.知识联盟中的知识创造机制BaS-C-SECI模型[J].研究与发展管理,2008(2):118-122.

[251]彭双,顾新.知识链组织间知识创造的动力机制研究[J].科技进步与对

策,2010,27(3):112-115.

[252]彭新敏.企业网络对技术创新绩效的作用机制研究:利用性—探索性学习的中介效应[D].杭州:浙江大学,2009.

[253]饶勇.知识生产的动态过程与知识型企业的创建——对 Nonaka SECI 知识转化模型的扩展与例证分析[J].经济管理,2003(4):44-49.

[254]芮明杰,李鑫,任红波.高技术企业知识创新模式研究:对野中郁次郎知识创造模型的修正与扩展[J].外国经济与管理,2004(5):8-12.

[255]孙洪庆.顾客知识管理能力[M].北京:人民出版社,2010:133-142.

[256]汪涛,郭锐.顾客参与对新产品开发作用机理研究[J].科学学研究,2010,28(9):1383-1412.

[257]汪涛,崔楠,杨奎.顾客参与对顾客感知价值的影响:基于心理账户理论[J].商业经济与管理,2009(11):81-88.

[258]王莉,任浩.虚拟创新社区中消费者互动和群体创造力——知识共享的中介作用研究[J].科学学研究,2013,31(5):701-710.

[259]王莉,方澜,王方华,等.网络环境下客户参与对产品开发绩效的影响研究——以我国软件企业为例[J].管理工程学报,2007,21(4):95-135.

[260]王琳,魏江.顾客互动对新服务开发绩效的影响——基于知识密集型服务企业的实证研究[J].重庆大学学报(社会科学版),2009,15(1):35-41.

[261]王琳.KIBS 企业-顾客互动对服务创新绩效的作用机制研究[D].杭州:浙江大学,2012.

[262]王璐,高鹏.扎根理论及其在管理学研究中的应用问题探讨[J].外国经济与管理.2010(012):10-18.

[263]王铜安,赵嵩正,罗英.知识转化灰箱模型与企业知识管理策略的研究[J].科研管理,2005,26(5):86-89.

[264]王永贵.顾客创新论:全球竞争环境下"价值共创"之道[M].北京:中国经济出版社,2011:78-89.

[265]卫海英,杨国亮.企业-顾客互动对品牌信任的影响分析——基于危机预防的视角[J].财贸经济,2011(4):79-84.

[266]吴冰,刘仲英.供应链协同的知识创造模式研究[J].情报杂志,2007(10):2-4.

[267]吴家喜,吴贵生外部组织整合与新产品开发绩效关系实证研究:以产品创新程度为调节变量[J].科学学与科学技术管理,2008(12):58-62.

[268]吴明隆.SPSS 统计应用实务[M].北京:科学出版社,2003:13-89.

[269] 吴素文,成思危,孙东川,等.基于知识特性的组织学习研究[J].科学学与科学技术管理,2003,24(5):95-99.

[270] 夏维力,陈晨,钟培.基于复杂适应系统理论的组织知识创造机制研究[J].情报杂志,2009,28(6):126-130.

[271] 闫幸,常亚平.企业微博互动策略对消费者品牌关系的影响——基于新浪微博的扎根分析[J].营销科学学报,2013,9(1)62-78.

[272] 姚山季,王永贵.顾客参与新产品开发的绩效影响:产品创新类型的调节效应[J].商业经济与管理,2011,235(5):89-96.

[273] 姚山季,王永贵.顾客参与新产品开发及其绩效影响:关系嵌入的中介机制[J].管理工程学报,2012,26(4):39-83.

[274] 姚山季.顾客参与新产品开发及其绩效影响研究:基于关系嵌入视角的中介机制[D].南京:南京大学,2010.

[275] 姚威.产学研合作创新的知识创造过程研究[D].杭州:浙江大学,2009.

[276] 叶笛,刘震宇,林东清.管理信息系统开发中用户和开发者间知识共创性问题研究[J].管理学报,2014,11(1):101-106.

[277] 于立华.新产品开发中的虚拟产品体验:顾客参与的视角[J].科技和产业,2010,10(5):36-40.

[278] 元利兴,黄卫国,宣国良.知识创造机理:认识论——本体论的观点[J],科技进步与对策,2003(3):22-24.

[279] 张若勇,刘新梅,王海珍,等.顾客-企业交互对服务创新的影响:基于组织学习的视角[J].管理学报,2010,7(2):218-224.

[280] 张雪,张庆普.知识创造视角下客户协同产品创新投入产出研究[J].科研管理,2012,33(2):122-129.

[281] 张永成,郝冬冬.开放式创新下的知识共同创造机理[J].情报杂志,2011,30(9):132-138.

[282] 赵夫增.互联网时代的在线社区生产模式研究[J].科学学研究,2009,27(4):546-553.

[283] 郑承志,黄淑兰.知识创造的 SIO-IE 模型——对野中郁次郎 SECI 模型的修正与改进[J].电子科技大学学报(社科版),2010,12(3):15-18.

[284] 竹内弘高,野中郁次郎.知识创造的螺旋——知识管理理论与案例研究[M].李萌,译.北京:知识产权出版社,2006:30-31.

附　录

附录1　访谈提纲

一、贵公司的基本情况

1.贵公司成立于何时？目前员工人数多少？

2.贵公司的主营业务是什么？近三年的经营业绩如何？

3.贵公司的新产品开发在业内处于什么水平？该行业技术发展变化速度如何？

4.贵公司新产品开发创意一般来源于什么渠道（如研发部门、销售一线人员、顾客等）？

二、贵公司新产品开发过程中与顾客在线互动的情况

1.贵公司通过哪些在线途径与顾客交流互动（如 QQ、在线社区或论坛、电子邮件、网上留言、网上调查、微博等）？

2.贵公司与顾客在线交流互动的内容有哪些（如分享关于产品的需求和建议、产品相关的知识；表达问候与感谢；开展在线合作行动，如问题解决、产品讨论、技术交流、设计开发、测试新产品等）？

3.与顾客在线互动对贵公司新产品开发有哪些积极作用？

4.在新产品开发过程中，您认为与顾客在线互动和传统的线下交流相比，存在哪些优势和劣势？

三、曾参与与顾客在线合作的新产品开发项目情况

1.请介绍该项目的背景及整个开发过程。

2.在该项目开发过程中,企业与顾客如何开展在线互动和合作? 顾客发挥了什么积极作用? 对新产品开发有何影响?

3.在与顾客在线互动过程中,顾客所传递的知识和信息是否能给贵公司带来启发,并为新产品开发提供帮助?

4.在与顾客在线互动过程中,公司所传递的知识和信息是否能给顾客以启发,促使顾客提出一些新点子或解决方法,从而有利于新产品开发?

5.贵公司是否采取一些有利于增进与顾客的良好关系的行为(如与顾客聊天等非正式交流、表达问候与感谢、顾客奖励等),这些行为对新产品开发有什么积极作用?

6.请评价一下该项目的新产品开发绩效。

附录 2　调查问卷

尊敬的女士/先生:

您好! 非常感谢您抽出宝贵时间,帮助我们完成此次调研任务。本问卷旨在调查企业与顾客基于互联网的互动合作对新产品开发绩效的作用机制,为提升企业新产品开发绩效提供理论和实践支撑。

本问卷纯属学术研究,内容不涉及贵公司的商业机密,所获信息也不用于任何商业目的,请您放心并客观地填写。问卷答案没有对错之分,请尽可能按公司实际情况填写。在填写过程中,如对问卷存在任何疑问,请与我们联系。您的回答对我们的研究非常重要,如果您对本研究的结论感兴趣,请在问卷最后填写您的联系方式,我们会将问卷分析结果反馈给您。非常感谢您的鼎力支持!

一、企业基本信息

1.企业名称:＿＿＿＿＿＿＿＿＿＿＿＿＿＿＿＿＿＿＿＿＿＿

2.企业总部所在地:＿＿＿＿＿＿＿＿＿＿＿＿＿＿＿＿＿＿＿

3. 企业性质(请选择)

    (1)国有企业(含国有控股)   (2)民营企业(含民营控股)

    (3)中外合资   (4)外商独资

4. 企业主要业务所在的行业领域(请选择,若为"其他"请填写)

    (1)食品饮料制造业   (2)纺织服装制造业

    (3)计算机、通信及电子设备制造业   (4)电气机械及器材制造业

    (5)化工制造业   (6)交通运输设备制造业

    (7)软件和信息技术服务业   (8)金融业

    (9)旅游、休闲娱乐   (10)住宿和餐饮

    (11)其他 _____

5. 企业设立年限为

    (1)2 年以下   (2)2～5 年   (3)6～10 年

    (4)10～20 年   (5)20 年以上

6. 企业员工总人数

    (1)50 人以下   (2)51～100 人   (3)101～500 人

    (4)501～1000 人   (5)1000 人以上

二、个人信息

1. 您所在部门

    (1)营销运作部   (2)研发部   (3)客户服务部   (4)其他部门

2. 您的职位

    (1)总经理   (2)部门经理   (3)基层主管   (4)普通员工

    (5)其他

3. 您在现在这家企业工作的时间

    (1)1 年以下   (2)1～3 年   (3)4～5 年   (4)5 年以上

三、企业-顾客在线互动情况

请回忆一下您主持或参与过的一个新产品开发项目,填写以下问卷题目。

本问卷采用 7 级打分,1 表示完全不同意,4 表示中立,7 表示完全同意,1 至 7 依次渐进。请根据贵公司的实际情况,在下述题项中相应的数字框内打√。

问　项	不同意				同意		
顾客会通过网络与我们分享对新产品的需求和建议	1	2	3	4	5	6	7
顾客会通过网络与我们分享新产品开发所需的其他信息	1	2	3	4	5	6	7
我们会通过在线产品调研等方式获取顾客信息	1	2	3	4	5	6	7
我们会通过网络向顾客提供产品相关的知识	1	2	3	4	5	6	7
我们会通过网络向顾客表达问候与感谢	1	2	3	4	5	6	7
当顾客提供的创意被采纳时，我们会对顾客进行奖励或经济补偿	1	2	3	4	5	6	7
顾客会通过网络向企业表达他们的品牌情感和对企业的认同	1	2	3	4	5	6	7
顾客在网上与企业工作人员进行良好的沟通	1	2	3	4	5	6	7
顾客会在网上提交关于新产品的想法并对他人的想法发表评论	1	2	3	4	5	6	7
我们在网上与顾客一起讨论产品开发相关的问题	1	2	3	4	5	6	7
我们通过网络与顾客一起开展产品设计或开发活动	1	2	3	4	5	6	7
顾客付出额外资源（时间、精力等）协助我们完成产品开发工作	1	2	3	4	5	6	7

四、知识共创情况

问　项	不同意				同意		
顾客经常提出各种新点子	1	2	3	4	5	6	7
顾客经常提出富有原创性而又实用的解决方法	1	2	3	4	5	6	7
顾客能创造性地解决产品创新问题	1	2	3	4	5	6	7
我们能挖掘出顾客的潜在需求或顾客自己无法清楚表达的需求	1	2	3	4	5	6	7
我们将各种不同信息和知识融合，提出新概念或产生新知识	1	2	3	4	5	6	7
我们将各种不同信息和知识融合，产生新的产品开发解决方案	1	2	3	4	5	6	7

五、新产品开发绩效情况

问　项	不同意				同意		
新产品开发符合预期的成本要求	1	2	3	4	5	6	7
开发的新产品达到了预期的顾客满意度	1	2	3	4	5	6	7
开发的新产品达到了预期的利润目标	1	2	3	4	5	6	7

问卷到此结束,再次感谢您对我们研究工作的支持!祝您生活愉快!

如果您对本研究的结论感兴趣,请在此填写您的联系方式,我们会将问卷分析结果反馈给您。

姓名:＿＿＿＿＿＿＿＿＿＿＿＿＿＿

电话:＿＿＿＿＿＿＿＿＿＿＿＿＿＿

E-mail:＿＿＿＿＿＿＿＿＿＿＿＿＿